AF283267

REMOVER ROMA CON SANTIAGO

Santiago Sastre

Diseño de cubierta: David García Villa
Ilustración de cubierta: Pedro Ignacio Fernández
Maquetación: David García Villa

Contacto: Santiago.SAriza@uclm.es

© Santiago Sastre

Primera edición: mayo de 2025

ISBN: 978-84-19887-63-4
Depósito legal: TO-171-2025

Impreso en España – *Printed in Spain*

*A todos los miembros del club
de poesía Benqueversos, por hacer
de la poesía una casa encendida.*

*A Francis, mi librero de la Librería
Merlín, por su apoyo y por creer
en la magia de la poesía.*

El poema puede ser, y es, con frecuencia, un lugar de restañamiento de los «esquinamientos», de restauración de nuestra propia humanidad.

José Jiménez Lozano

Siete
son los temas fundamentales de la poesía lírica
en primer lugar, el pubis de la doncella
luego la luna llena que es el pubis del cielo
los bosquecillos abarrotados de pájaros
el crepúsculo que parece una tarjeta postal
el instrumento músico llamado violín
y la maravilla absoluta que es un racimo de uvas

Nicanor Parra

Solo sé que, si abro el poema, deberá sangrar.

Me hablaron de un poema milagroso que, en su soledad, llovía abundantemente.

Al final hubimos de convenir que no era un poema, sino una nube.

Rafael Pérez Estrada

Esta es mi cara y esta es mi alma.

Manuel Machado

Vergüenza debería darme
no ser ya a estas horas un lagarto

Santiago Alba

¡Oh, la vida, la vida!
No hay ningún objeto que no cante,
no hay ningún ser que no sea
una estrella y una llama,
una canción en el viento,
una chispa en el corazón.

Jorge Guillén

La rosa no delega
su aroma en la amapola.

Antonio Hernández

ÍNDICE

III. CAMPOS DE COSTILLA

IV. Y DOS HUEVOS DUROS

13

VI. TRES FINALES

DÉJAME QUE TE CUENTE UN ALGO
DEL POETA SASTRE

Nunca trabes amistad con un poeta. Con un poeta derrochón, menos todavía. Santiago Sastre es el más derrochón que he conocido. Y hablo de versos, por supuesto, porque le nacen como un río en esa cabeza que trabaja siempre al trescientos por cien y los va soltando día tras día en un papel, infatigable y feliz.

Nos conocemos de la universidad. Debe ser que los amantes de la literatura siempre acaban encontrándose y eso fue lo que hicimos; nos encontramos en un lugar lleno de libros, de historia y de poesía. Aunque algunos crean que no, una biblioteca en el casco antiguo de Toledo es un buen lugar para charlar sobre poetas y poemas. También para recitar algunos versos en esos viernes donde yo siempre esperaba la visita oportuna de Santiago.

Sastre es un lector y escritor voraz. A uno le sorprende, porque personalmente yo cada vez sufro más por sacar un poema adelante, no ya un libro, que eso sería harina de otro costal.

Él es un tipo genial, nervioso y de aspecto afable. Su permanente sonrisa acompaña cada diatriba sobre el último libro que ha comprado, sobre una desidera- ta que le trajeron en la Biblioteca del Alcázar o alguno de esos libros que va rescatando de los expurgos bibliotecarios. Aquí tenemos una de sus claves; trasiega libros de acá para allá. Compra, busca, regala o dona. Su mochila es una estantería errante. Y por eso me gustaba y me alegraba el día cuando aparecía por la puerta de mi despacho, enarbolando un libro que iba a prestarme o regalarme.

«Trafica» con libros y se echa al monte para buscar más. Pero también escribe. Es prolífico. Desde que da con la idea, ya no se detiene. Me lo imagino en el despacho de su casa, aislado del mundo exterior y pergeñando historias varias, poemas, novelas de largo aliento… Parece que esté dando forma a ese mundo que se va fraguando en su cabeza mientras pasea por las estrechas calles del casco toledano, buscando las localizaciones para su próxima aventura, mientras pasan a su lado las figuras errantes de los turistas.

He de decir que este es el segundo prólogo que escribo para este libro. El poemario original era la mitad del que actualmente se presenta. Y ahora pienso que podría repetir muchas de las cosas que dije en el prólogo versión 1.0. Como el lector ignora lo que escribí en un primer impulso, voy a ser muy claro: ¡que viva el reciclaje!

El libro ha cambiado de título. De *Cultivar el jardín* a *Remover Roma con Santiago*. Un cambio significativo, puesto que ya podemos vislumbrar los juegos de palabras que tanto le gustan al poeta Sastre. La obra tiene seis partes: Aprender a descalzarse; Marinero en sierra; Campos de costilla; Y dos huevos duros; Nos vamos a ir yendo; y Tres finales. Seguimos burlando al diccionario de la RAE.

La poesía de Santiago Sastre es limpia y clara, porque nunca le ha gustado asomarse a los balcones oscuros de la poesía insondable. No cree en los versos que deben ser desentrañados por diez filólogos o seis críticos insomnes. Pero ¡ojo!: claridad y sencillez no son sinónimo de falta de aliento poético. Sastre escribe, no lo olviden los lectores de este prólogo, con una gran mochila a las espaldas hecha de lecturas y culturas varias. Es sagaz y muy rápido captando momentos. Su pluma hace instantáneas como nuestros teléfonos móviles. Pero detrás de ese rápido disparo, viene el trabajo y la elaboración del poema.

Mientras deambula por los largos pasillos de San Pedro Mártir, va componiendo un libro imaginario. Este nuevo que ahora nos ocupa es, quizá, uno de los más profundos que he leído entre los suyos. Marca de la casa es que el humor sea como una sintonía de fondo, pero es apenas un matiz dentro del amplio repertorio temático que aquí despliega. Nos deja una poética nada más empezar el libro:

> En estos poemas estoy yo
> y tú también.
> Si apagas los ruidos,
> encontrarás un latido de tu talla.

Nada más empezar, también, veremos que la muerte en contraposición con la vida tiene un espacio destacado, aunque luego el libro irá volviéndose más optimista. Es quizá un aviso para que empecemos a pensar más en lo bueno de la vida y no en lo inevitable de la muerte:

> Morir
> es quedarse quieto para siempre,
> (…).

Y frente a esto:

> Es fácil mirar el dolor y la muerte
> desde lejos,
> sabiendo que es un ejército
> que levanta una polvareda
> incapaz de salpicarte.

Y entonces vemos que en varios de los poemas el autor entabla un diálogo con escritores de índole muy variada: Fray Luis de León, Cesare Pavese, José Jiménez Lozano, Juan Antonio González Iglesias, Juan Ramón Jiménez o Miguel Hernández. Como muchos de ellos, el poeta logra alcanzar un lirismo de altura. Si no me creen, lean para ello el poema titulado *El prodigioso intercambio*:

> El pájaro se posa en la rama.
> Se lleva en el pico
> un poco de la quietud del árbol
> para fortalecer su nido.
>
> Y el árbol se queda
> con una pluma del vuelo del pájaro
> para salpimentar su savia.

He podido vislumbrar, también, que este libro se convierte por momentos en una suerte de manual de autoayuda, de brújula vital o libro de sabios consejos. El poeta –por edad– ha cruzado ese *mezzo del camin di nostra vita* que nos legó Dante y se permite el lujo de aconsejarnos. El verbo «conviene» se repite como un mantra:

«Conviene hablar poco…»
«Conviene no salir de ese punto…»
«Conviene que aquí cada uno tenga su jardín…»
«Conviene tener pocos amigos…»
«Conviene callarse…»
«A veces conviene apartarse…»
«Conviene ser flexible…»
«Conviene ensillar la mirada…»
«Conviene no aguantarse mucho…»

También las advertencias sobre qué es la vida o cómo debemos hacer frente a ciertas situaciones. Pero todo bajo una mirada y resolución claramente hedonistas. La felicidad y el disfrute, ante todo, pero siempre dentro de un orden. Su formación jurídica late bajo todo acto vital o de escritura.

La felicidad nos inflama el pecho
y nos regala tantas vidas
como las de los gatos.

Otro de los aspectos que me gustaría destacar es la aparición del poeta sin disfraz ni disimulo en sus versos:

Soy consciente de que cada vez
que entro en la universidad…

21

O también:

> Salgo del centro comercial sin comprar.
> No me he dejado seducir
> por el brillo de los escaparates
> y los guarismos engañosos
> de las rebajas.

La vivencia personal lucha por escapar de la rutina y convertirse en verso, ennoblecerse, ascender a las azoteas de la inmortalidad literaria. Aunque sepamos de sobra que el poeta no quiere dinero ni fama por sus versos, solo endulzarnos el momento en el que tenemos tiempo para descansar haciendo una lectura:

> Encendiste el fuego
> y me evaporé,
> convirtiéndome en primo hermano
> de una nube.

Y para ir finalizando, me gustaría destacar la presencia del amor. Al final, la poesía es el lenguaje del amor por excelencia y aquí se hace presente sin dudarlo. Un amor que puede ser puramente fraternal, pero también ese tipo de amor que nos lleva hasta las fronteras del erotismo, pero sin ser grosero, solo tibio y envolvente como las aguas cálidas del mar en verano:

> Me bañaría desnudo
> en el sueño que tienes ahora mismo.

Poco más puedo decir. No me gusta destripar un libro de poemas como si fuera un forense. Los versos tienen siempre múltiples visiones y esta es la mía, nada más. Si has llegado, apreciado lector, hasta este punto, solo te queda adentrarte en la maraña de versos aquí impresos, en el alma del poeta, tratando de buscar una salida, un sentido o un disfrute, según las necesidades de cada uno. Y siempre, créanme, sacarán algo en claro; una píldora vital que nos ayude cuando el drama se instale en nuestras vidas, o queramos dedicar unas palabras a quien bien nos quiere, yo qué sé, o simplemente para regalarnos un momento de placer en la vida, que ya es de por sí «mala y puta» muchas veces, como decían en una conocida serie de televisión.

Releyendo una nueva traducción de *La Odisea* en verso y firmada por Juan Manuel Macías, hay un momento casi al final de la obra en el que Penélope afirma:

> «Si los dioses te deparan una vejez venturosa,
> puedes tener esperanza de que burlarás
> los males.»

Yo estoy seguro de que en Santiago Sastre se cumplirá esta profecía y que va a seguir regalándonos versos sencillos y profundos, o quizá versos leves, satíricos y divertidos. Poemas que nos ponen ante el espejo, que nos recuerdan a esa vocecilla que se cierne sobre nuestras orejas para hablarnos de asuntos como la amistad con estas delicadas y sabias palabras:

> Los amigos se alegran
> de las cosas buenas,
> arriman su hombro

cuando la mochila se llena de tormentas,
ayudan a minimizar
el calambre de los miedos
y se atreven a decir
de qué color tienes la espalda.

Como amigo me gustaría que a todos os guste tanto este libro como a mí. Pero con saber que el poeta Sastre se la ha gozado escribiéndolo, ya me daría por satisfecho.

Sic transit gloria mundi.

Alejandro García San José
Talavera de la Reina, 29 de abril de 2025

I
APRENDER A DESCALZARSE

A MODO DE ADVERTENCIA

En estos poemas estoy yo
y tú también.
Si apagas los ruidos,
encontrarás un latido de tu talla,
un pensamiento envuelto en tu saliva,
un mensaje que Miguel Strogoff te trae
desde San Petersburgo.
Solo si te haces explanada
aterrizará en ti
esa voz tuya que resuena
en la pequeña lumbre de estos versos.

II
MARINERO EN SIERRA

Ser naturaleza

La naturaleza no es triste o alegre,
dulce o salada,
atea o creyente,
de derechas o de izquierdas.
Va más allá de lo masculino y lo femenino.
Siempre sigue las instrucciones de su adentro.
Es un soldado acostumbrado a obedecer
las órdenes de su sangre.
Los animales y las plantas
aceptan con resignación
vivir donde ha caído su semilla,
la tierra y el sol que les han correspondido.
Son felices sin saberlo.
Con su forma de ser y de estar
nos dan una lección de modestia.
No necesitan un sindicato
para defender sus intereses.
No aspiran a un ascenso
ni a la fama.
No conocen la envidia.
No quieren ser más de lo que son.
Me parecen un ejemplo de santidad.
Ojalá fuéramos menos pensamiento
y más naturaleza.

El lenguaje también descansa

Fíjate en lo inefable,
lo que no admite ser dicho,
lo que escapa a cualquier abecedario.
Ni siquiera los verbos transitivos
son capaces de atrapar algún significado.
Ante este misterio
las palabras se quedan en silencio.
Solo cabe la mística trapense
de la contemplación.

Relación entre el alpinismo y la belleza

Que la savia me coja en brazos
y me lleve a las ramas
más altas de los árboles,
donde afila su canto
el pájaro solitario.
Allí llega la luz con otra amarillez
y el horizonte peina su oxígeno
con el orégano de los montes.
Buscar la belleza
es siempre subir,
mirar hacia la cumbre,
estar dispuesto a comulgar
la intemperie de las tejas.
Quien busca la belleza
necesita botas de alpinista.

En lontananza

Es fácil mirar el dolor y la muerte
desde lejos,
sabiendo que es un ejército
que levanta una polvareda
incapaz de salpicarte.
A cientos de kilómetros
te sientes a salvo
de esa catástrofe
(basta pensar en una enfermedad,
una guerra o un terremoto)
porque pisas un suelo
generoso y durísimo.
Pero algún día sentirás la desgracia
subiendo por tus piernas
como si fuese una hormiga.
Entonces el dolor se meterá en tu casa
y te dejará la sangre
cabizbaja y paliducha.
Y alguien te mirará
como haces tú ahora,
sabiéndose protegido
frente a la adversidad
en el hondón de su trinchera.

NO AMES A ALGUIEN A QUIEN NO HAS VISTO CORRER

Variación de un poema de Fabio Morábito

No ames a alguien
a quien no has visto correr.
Su vida es un no parar
y se proyecta hacia la meta.
Sortea lo que sale a su paso.
El esfuerzo le hace transparente.
Intenta acompasar la zancada
con la sinfonía de la respiración.
Se muestra tal cual es,
sin ninguna hipocresía.
¡Está más natural que nunca!
Con la locomotora de su corazón
a pleno rendimiento
se siente más puro,
predispuesto a la sinceridad.
No ames a alguien
a quien no has visto correr…
hacia ti.

En paro

Mi amigo se ha quedado en paro
y a su edad es difícil
encontrar trabajo.
Me preocupa mucho
y, sin embargo, me dice:
«Fíjate cómo subsisten
los pájaros, los lirios y la hierba.»
Su cita evangélica
me ha dado una lección.
La vida le ha enseñado
a vivir totalmente en el presente
y fijarse en lo esencial.
«Sólo necesito un poco de agua,
comida y un lugar donde cobijarme.»
¿Por qué no vienes a vivir
a la autocaravana de mis manos?

La muerte y el movimiento

Morir
es quedarse quieto para siempre,
petrificado como Lot.
Es marcharse
del territorio del movimiento,
que se demuestra andando
y, sobre todo, amando.
El «todo fluye» de Heráclito
ya no te afecta:
te bañas en el mismo río,
con el mismo bañador
y te secas con la misma toalla.
Todo se ha quedado congelado,
en una quietud terrible.
Ya nunca más volverá
a emitir un sonido.

¿PÁJARO O AVE?

No sé por qué me gusta más
la palabra pájaro
que ave.
Si digo ave
pienso en los saludos
(como el de César
y la Virgen María),
en un tren que va a toda mecha,
en la clasificación de los animales
según el bueno de Aristóteles,
y en los libros de ciencias naturales,
tan aficionados a presentarlo todo
con pelos y señales.
No sé por qué
el que canta
en una rama de mi árbol
es un pájaro y no un ave.
Además, es un pájaro muy pájaro:
un superpájaro.
Al final será
que soy una *rara avis*.

Conviene hablar poco

Me gustaría decir
que no hay un silencio como el mío,
tan robusto, tan sin palabras.
A la lengua le gusta dispersarme
y alabar la calidad de mi saliva.
Las cuerdas vocales se destensan
por usar en vano las palabras.
Tendría que hacer como san Agatón,
que se metió una piedra en la boca
durante tres años
para aprender a estar callado.
El silencio siempre es sanador.
Es un jardinero que poda
con pericia la maleza.
Dios mío, protégeme de mi lengua,
tan cortante,
tan gustosa de mí mismo.
Muchos de mis peces
han muerto por culpa de la boca.

LAS MANOS SINVERGÜENZAS

De todo mi cuerpo
quizá mis manos
han sido las más sinvergüenzas.
Lo digo pensando en dónde se han metido,
lo que han sacado,
los gestos que han hecho.
Sobre todo, la mano derecha,
que lleva la voz cantante
y convence fácilmente a la mano izquierda.
Aunque me hicieran pecar
nunca las cortaría.
En ocasiones no sabían cómo actuar
porque al dedo anular
no le latía bien el corazón
y el dedo índice
andaba con el norte despistado.
Me ha tocado llevar mis manos
a la sillita la reina.
He sufrido la música impaciente
de su tamborileo.
Siempre quisieron llegar
mucho antes que los ojos,
meterse en las heridas
del costado de Jesucristo
antes de que lo crucificaran.
Sé que pueden acariciar
con un tono más dulce.
Deben aprender a ser mejores manos.

Al tacto encomiendo mi espíritu.
De su manera de tocar
depende mi salvación o mi condena.

RELACIÓN ENTRE LA BONDAD
Y EL HILO MUSICAL

La bondad es tímida por naturaleza.
Es licenciada en ser música de fondo.

LA DESNUDEZ TOTAL

Primero te quitaste la ropa,
después la piel,
la carne y los huesos.
Te desnudaste tanto
que te quedaste solo con tu alma,
que aún estaba llena de cuerpo,
lo último que tenías
para seguir siendo tú.

COGER EL PUNTITO

Echa más vino en la copa.
Vamos a dar alegría al cuerpo,
como cantaban Los del Río en *Macarena*.
Nos sentimos joviales,
con facilidad para reír
y las relaciones sociales.
Los clásicos aconsejaban
no ir más allá de ese puntito
pues puede ser difícil
llevar las riendas de tus caballos
y es fácil meter la pata,
y se despertará después
la culpa con su música estridente.
Conviene no salir de ese punto
ni una coma.
Se trata de un contento,
un estar a gusto
en el que la voluntad
aún sigue en sus cabales.

Radiografía de una victoria

Salgo del centro comercial sin comprar.
No me he dejado seducir
por el brillo de los escaparates
y los guarismos engañosos
de las rebajas.
He surcado por los pasillos
apretando los dientes
y remando muy deprisa,
como los marineros
que acompañaban a Ulises.
No me han afectado
los cantos de estas sirenas
del capitalismo.

Necesidad de anamnesis

Homenaje a Juan Ramón Jiménez

Me para por la calle
y habla conmigo.
En ese momento no sé quién es,
para mí es un perfecto desconocido.
Mi memoria bucea en su archivo
pero no lo encuentro,
no tiene ninguna entrada.
Tengo que hablar
con los pies de puntillas,
tratando de no comprometerme
en lo que digo,
con temas que no vayan
más allá de la superficie
y sin que se note
que no tengo ni idea de quién es.
Luego lo describí a mi mujer
y ella tampoco lo conocía.
Aún sigo preguntándome
quién era, Dios mío, quién era.

CON FRAY LUIS DE LEÓN

Los místicos preferían
subir hasta la cumbre
pero tú, Fray Luis, quisiste disfrutar
del camino,
que también forma parte de la cima.
Sabías que la paz interior
no se consigue con fama y con dinero,
sino gozando de una vida
retirada en la naturaleza,
rodeado de un bosque
de música y de libros.
Estabas tan a gusto
que decías que los poemas
se te caían de las manos.
¡Qué duro que pasaras
cuatro años en la cárcel
por traducir el *Cantar de los Cantares!*
A tu carne llegó la mordedura de la envidia,
ese mal que padecen
los que sufren con el bien ajeno.
Con tu «decíamos ayer»
hiciste un borrón y cuenta nueva.
No te dejaste llevar por el rugido
o el rencor.
Hallaste la felicidad
quedándote a solas con tu león tranquilo,
como un san Jerónimo.

La forma de vestir

Cuando entro en la universidad
sé que estoy en una catedral del saber.
Por eso cuido mi forma de vestir.
Una vez dije a mis alumnos
que quizá el chándal
no es una prenda adecuada
para asistir a clase.
Pero ¿quién soy yo para decir eso?
Hay que saber vestir
para cada circunstancia,
no es lo mismo una boda que un entierro.
La ropa puede llenarnos de prejuicios,
valorar a las personas
desde la retina de la percha.
Los abogados usan togas en los juicios
para evitar que su atuendo
influya en la decisión del juez,
para que la apariencia
no afecte a la justicia.
La valía de una persona
nada tiene que ver con la vestimenta.
Nunca te dejes seducir
por la hipnótica voz de una corbata.

El arte de dormir

¡Qué felicidad es dormir!
La cama no es
como un mueble o una mesilla,
porque está presente
en momentos importantes de la vida.
No me empeño en dormir
porque es un don,
no depende de la voluntad.
Dormir no es una pérdida de tiempo;
no todo ha de medirse
con el metro de la economía.
El cuerpo aprovecha esta muerte temporal
para organizar su burocracia,
guardar en carpetas los rasguños,
los abrazos pendientes
y los momentos inolvidables.
El sueño es el reino de lo impune,
pues nadie es responsable de lo que sueña.
Ojalá podamos dormir de un tirón
y sin pesadillas.
Al día siguiente la realidad aguarda
para comenzar de nuevo;
para luchar por ese mundo más justo
con el que habíamos soñado.

AQUILES Y LA TORTUGA

Yo soy Aquiles
y tú, la tortuga.
Por mucho que corro, llego tarde:
antes te has movido.
Siempre estoy a unos milímetros de ti
y no alcanzo a conocerte del todo.
Mi talón de Aquiles es que entre tú y yo
siempre habrá una distancia insalvable.

Sanguinolento

¡Ay, sangre mía!
pariente cercana del agua termal,
resguardada en su red carreteril
de venas, arterias y capilares.
Llevas oxígeno y nutrientes
de arriba y abajo, de este a oeste.
No haces asco
a la hora de conducir los desechos
a los pulmones y los riñones.
Dices mucho de mí
en tu transcurrir callado,
en tu forma de coagular.
Gracias a ti se cerraron
algunas heridas
que parecían que se quedarían abiertas
de por vida.
Has notado mi anemia
cuando me ha mordido un vampiro.
También la suciedad
cuando abuso de las grasas.
A la vida no se viene
a quedarse al resguardo,
o a conservar la ropa limpia.
¿Qué es vivir si no ensuciarse?
Gracias a ti no soy río ensimismado.
Me empujas al trasvase,
a donarme a los demás
abriéndome en surcos y afluentes.

Stuart Mill lee a Wordsworth

¡Cuánto daño le causó su padre
a John Stuart Mill
con esa educación tan férrea,
con una pedagogía
que se convirtió en una serpiente boa
que lo asfixió
y lo condujo a una profunda depresión!
Su padre ni siquiera
le permitió ser niño.
Mill se recuperaría con el amor,
cuando en su vida apareció
la filósofa feminista Harriet Taylor,
y leyendo la poesía de Wordsworth,
que le abrió los ojos
al hermoso embarcadero de la naturaleza.
El amor y la belleza
lo cogieron a hombros
para sacarlo de un valle
que se hacía cada vez más profundo.

LAS CONDICIONES DEL ÁRBOL

Solo es un árbol.
Pero solo se mantiene en pie
si la tierra en la que se apoya
está viva.
Si cuenta con abundante suelo
para sujetar su altura y su ramaje.
Si encuentra azúcar moreno
para que la luz no sea insulsa.
Si hay agua suficiente
para enamorar el vuelo de los pájaros.
Solo puede estar de pie
si el suelo sostiene sobre sus hombros, como un atlante,
el bosque que navega en silencio por su savia.

MANTENER EL EQUILIBRIO
EN LA BICICLETA

¡Qué placer montar en bicicleta!
Cuando era pequeño
me ofrecía una marejada de libertad
y en ella me sentía
como si fuera en mi moto o mi caballo.
¡Qué fácil era mantener el equilibrio
con el cuerpo y dando pedales!
Luego tuve que enseñar a mis hijos.
Les parecía difícil,
incluso al principio
decían que era imposible.
Y yo iba detrás, sujetando el sillín,
corriendo como loco
para que no se cayeran,
a ver si conseguían alcanzar
ese punto medio
donde duerme el mineral del equilibrio.
Y mientras lo hacía
pensaba que ellos componen
ese equilibrio que necesito
para ir pedaleando por la vida.
Todos somos funambulistas
y llevamos en las manos esa pértiga
que nos da estabilidad en la cuerda
sobre la que nos ha tocado vivir.

El descendimiento de la muerte

Para que no me asuste
seguro que cuando venga mi muerte
tendrá mis ojos, como decía Pavese.
Si la vida es una obra de arte
supone saber vivir y también morir.
Vivimos un esqueje de la muerte
con un olvido, una desgracia, un desamor
y cuando muere alguna célula.
La vida se valora más
ante la sombra igualitaria del golpe mortal.
Aquiles dijo que vendería su fama
por el hecho de estar vivo,
que prefería ser un esclavo
antes que rey en el mundo de los muertos.
Teresa de Jesús pedía morir
pero porque esperaba una vida
más alta que esta.
La muerte llegará con su hora.
Ojalá no nos haga sufrir
y nos pille muy vivos,
no muertos antes de tiempo.
Ojalá que la vean como injusta e inútil
porque antes nos hemos desvivido,
nos hemos entregado tanto a los demás
que nuestro cuerpo suena
a carcasa vacía.

La inevitable mezcolanza

La teoría del yin y el yang
enseña que el bien y el mal
conforman una mezcla homogénea
como el café con leche.
De un acto bueno
se pueden derivar
consecuencias malas y al revés.
Un exceso de bien es malo.
A veces un bien
llega en mal momento.
Es posible que algo malo
contribuya a enderezar tu camino.
Nunca se está seguro
de que lo que hemos hecho
será considerado bueno.
Incluso la verdad
no siempre es justa
y resulta preferible una falsedad.
Todo es más complicado
de lo que parece.
El blanco es un nido de grises.
Las persianas del negro
también dejan pasar la luz.

ME BAJA LA MAREA

Mírame ahora,
que estoy en bajamar.
Más desnudo que nunca,
con mis caracolas y mi fondo marino
de par en par.
Se ha quedado
totalmente a la intemperie
mi trastienda.
Aprovecha ahora
que se me transparentan
todas las raíces y los subsuelos,
que solo soy yo
cuando estoy a solas
de mí mismo.

Música celestial

Tu cuerpo entre mis manos
suena a guitarra,
también a piano y a flauta.
Te acaricio y se oye
un sonido celeste
que no cabe en las notas musicales
ni en los instrumentos.
Se oye cómo
mi planeta discurre
en la misma órbita que el tuyo,
alrededor de este sol
que luce y calienta
nuestro estar juntos y revueltos.

PINTURAS RUPESTRES EN LA TARDE DOMINICAL

¡Cuánta chicha tiene la calma
de esta tarde de domingo!
La calle está vacía.
Las ventanas encendidas
anuncian el latido de la vida
de puertas para adentro.
Se oye el esplín de no hacer nada
porque el lunes se asoma
a la vuelta de la esquina.
Se ojean las agendas
y se abren las mochilas.
Es muy difícil permanecer
en el domingo
sin mirar de reojo el día siguiente.
Mañana habrá que salir de la cueva.
Toca pintar un ciervo o un bisonte
para atraer la suerte
a la hora de ganarse la vida
en la competitiva pradera del mundo.

La relevancia del saludo

No se te olvide
desear un buen día.
Las palabras son capaces
de mejorar el mundo,
de engrasar las bisagras
con su cariñosa artesanía.
En Oriente dicen que si hablas bien
todo irá bien.
Al saludar, invitas
a que el día venga
tal como se le espera,
sin sobresaltos,
con sus veinticuatro horas
bien empaquetadas,
con una luz con la misma voz de siempre
y se vista con la ropa
que le hemos dejado al amanecer,
a los pies de la cama.
Desear los buenos días
es colocar en el horizonte
un frutero de lápices de colores.

Mi filosofía de la historia

Si fuera un antiguo griego
la historia sería
un círculo: el que trazan
las areolas de tus pezones.
Desde el pensamiento judeocristiano
sería una línea recta:
la que va desde tu nariz
hasta la hendidura de tu sexo.
Si fuera marxista te diría
que la historia de mi vida
desemboca sí o sí
en la Roma comunista de tu cuerpo.
Como ves, mi historia
es muy sencilla:
solo vivo para ir al lado de tu nombre.

Apología del jardín

Algunos dicen que venimos de un jardín
del que fuimos expulsados
y nos dirigimos hacia otro
al que llaman paraíso.
Mientras tanto conviene
que aquí cada uno tenga su jardín.
Se trata de un lugar
donde desembalar la isla
que hace feliz a tu Robinsón,
donde estar a salvo
de los mandamases
que quieren organizarte la vida.
La naturaleza nos invita
a ser como ella,
a disfrutar de la lentitud
(¿has visto alguna vez
que una lechuga o un repollo
tenga prisa?),
a crecer y dar fruto solo cuando toca.
La naturaleza te aconseja no juzgar ni exigir.
Te ayuda a ser tú sin miramientos,
a disfrutar de la clorofila que te apetece,
a acatar lo que la vida
generosamente te ha concedido.
Ahora puedes sembrar
el fuego que tu Prometeo
ha robado a los dioses.
Ya puedes cultivar el calor
que sabe cómo calentar el corazón.

LEO UN TEXTO SOBRE LA REFORMA
DE LAS ÓRDENES RELIGIOSAS
EN EL SIGLO XVI

Siempre habrá religiosos
que quieran someterse
a unas normas más severas
para adherirse
con más fidelidad al Evangelio.
Y querrán más descalcez,
más rigor, más disciplina
para alejarse de la fuerza atractiva del mundo,
aderezado con la especia
de su carne y su pecado.
Pero ¿cuánta renuncia
se debe asumir?
Nunca se ve el fondo
del pozo del despojamiento.
Siempre es posible
ser más estricto en la observancia.

ODA A LA SIESTA

¡Qué bien sienta la siesta
después de una copiosa comida
regada con buen vino!
Se respeta al estómago
para que haga punto de cruz
al convertir los alimentos en nutrientes.
El efecto del alcohol
nos regala un sueño
que no debe ser muy largo
para no estropear el de la noche.
Al despertar,
la luz lleva una camisa distinta,
como si se tratara de un segundo amanecer.

Autobuonarotti

Si acercas tu oído a mi pecho
no solo oirás el corazón
sino también pequeños golpes.
Sé que no estoy terminado
y todavía me doy
con el cincel y el martillo
haciéndome con libertad,
tratando de convertir mi vida
en la obra de arte
del que quiero ser.

Vivir escondido

¡Mira cómo la montaña y la lluvia
juegan a esconderse!
Yo también intento
pasar desapercibido.
La vida social tiene mucho
de plástico y pladur,
me aburre y poco me aporta.
Apenas me vuelco en las redes sociales
porque es una madriguera
de nombres sin cuerpo.
Me gusta ocultarme en mi sombra.
Intento filtrarme
y meterme en la gruta subterránea
donde mi río
campa a sus anchas,
junto a la soledad de mis raíces
y los fósiles de todos los hombres
que a lo largo del tiempo he sido.
A Dios también le gusta
descansar de su fama,
de la sobredosis de tantas oraciones,
retirándose un tiempo
para ser ermitaño de sí mismo.

Apolítico

Ten cuidado con la política.
Epicuro decía que no proporciona placer
porque es una fuente de conflictos.
Weber afirmaba que te ensucia,
pues te lleva a traicionar tus principios morales.
La política es experta
en pintar paralelos y meridianos
dejando a las personas
en orillas diferentes
según su ideología.
Siempre tiene que haber
alguien en frente al que criticar
porque un partido político
no es nadie sin un contrincante
que piensa lo contrario.
Yo me alejo del ruido y la confrontación.
Tengo la ideología del viento
y el sol del verano.
Conmigo que no cuenten.
Bastante tengo con gobernar con justicia
la ínsula de Barataria
que me ha regalado don Quijote.

Celebración de la amistad

¡Qué gozoso amor es la amistad!
Epicuro y Aristóteles señalaban
que es una fuente de felicidad.
Conviene tener pocos amigos,
pero buenos,
que no muchos
a los que es imposible atender.
El amor tiene su embrión en la amistad.
Los amigos se alegran
de las cosas buenas,
arriman su hombro
cuando la mochila se llena de tormentas,
ayudan a minimizar
el calambre de los miedos
y se atreven a decir
de qué color tienes la espalda.
A su lado es fácil sentirse en la cubierta
del barco pirata de Espronceda.
La amistad es la sal yodada de lo auténtico.

ENSEÑANZA EN EL MUSEO

Durante la visita al museo
los dos nos hemos detenido
ante la misma vitrina.
¡Qué coincidencia
que nos llamara la atención
la misma vasija romana!
Después me he acercado
a ver la escultura
de la sirena Parténope,
la que pagó con su vida
que el barco de Ulises
atravesara la zona de las sirenas
sin que muriera algún marinero.
Tú has seguido tu marcha
y has dejado solo
ante esta pieza.
He sentido una lección de vida.
En el amor no se puede
coincidir en todo,
si acaso detenerse en pocas vitrinas
donde se guarda la esencial orfebrería
de nuestra historia.

SANTO TOMÁS DE AQUINO
Y LA PROSTITUTA

Allí estaba la prostituta
totalmente desnuda
delante de Tomás de Aquino,
pagada por sus hermanos,
con la intención no solo
de que cayera en la tentación de la carne
sino de arrancarle de cuajo
su vocación de dominico.
Tomás de Aquino cogió
un trozo de leña encendida de la chimenea
y le dijo que se fuera, *vade retro*,
que se marchara lejos
con el oleaje caliente de su desnudez.
También dicen que le entró sueño
y se quedó dormido
y despertó con un cíngulo
alrededor de su pubis
como señal de que había resistido
ante el fruto apetitoso de esta Eva.
El buey mudo, al que llamaban así
porque era bajito, entrado en carnes
y poco hablador,
se mantuvo en su hábito, en su aquí no,
afianzado en la firmeza granítica de su fe.

EL OTRO FADO

Estoy en Lisboa contigo
y no me pega
que este fado venga cargado
de tristeza y melancolía.
No encaja con el mundo portugués
que estoy conociendo de tu mano
y lo bien que lo pasamos juntos.
¿No puede sonar un fado
que refleje este instante placentero,
enmarcado junto al Atlántico
y comiendo este delicioso bacalao
que acaban de servirnos?
No sé si el fado
tendría que dejar de ser un fado
para representar esta dicha luminosa.
No está escrito con el mismo portugués
que escucho en este momento.

III
CAMPOS DE COSTILLA

Verte dormir

Me encanta verte dormir.
Mirar el subibaja de tus senos.
La serenidad que fermenta
en los músculos de tu cara.
Oír el rumor fluvial de tu reposo.
Me bañaría desnudo
en el sueño que tienes ahora mismo.
Me alimenta saber que estás tranquila,
pese a los problemas que nos acechan
y lo mal que está todo
según cuentan las noticias.
Sé que a tu lado puedo vencer
cualquier contratiempo.
Con mi vida descansando
en el puerto de tu respiración
me siento esperanzado.
Estoy junto a un árbol
que me hace feliz
con su sombra cálida y portentosa.

La muerte de Descartes

No se sabe de qué murió Descartes.
La versión oficial afirma
que se lo llevó una neumonía.
Otra teoría sostiene que fue debido
a una enfermedad renal
y también cuentan que pudo ser
por un derrame cerebral.
Pero hay otra versión
que defiende que murió de una hostia:
al comulgar una sagrada forma
con arsénico.
Parece ser que su confesor
no vio con buenos ojos
que pudiera pervertir con sus ideas
a Cristina de Suecia,
cuestionando la conversión de la muchacha
a la fe católica.
Descartes tenía serias dudas
sobre la transubstanciación.
Y, precisamente, esa comunión fatal
se convirtió en su última cena.

No llegues al mar
sin haber amado

Homenaje a Rubén Darío

No llegues al mar
sin haber amado,
sin dejarte la piel y los huesos
en otros cuerpos.
La vida es breve
y hay que rebañar
cada segundo
para que la sangre hierva
y te alimente.
Mira que todo pasa rápido
y se desvanece
como si fueras en un tren.
El corazón necesita gastar la piel
en los afectos,
derrochar el fulgor de su monarquía
en los abrazos.
No llegues hasta el mar
sin haber amado,
pues ya no puedes dar la vuelta
y ocuparte de aquello
que se te ha quedado en el tintero.
Lo que no has amado
se morirá contigo
y los peces del mar notarán
que tu plancton

tiene, ay, un sabor un poco amargo
porque dejaste el corazón a salvo,
para ti solo.

MIS PECES ABISALES

La luz atraviesa
el agua de mi lago
hasta que poco a poco le cuesta avanzar
y, al final, se detiene.
A partir de ahí
se abre paso la oscuridad,
la noche acuosa
en la que viven mis peces abisales.
O sea, todo cuanto no sé de mí.

El confiado

Homenaje a Juan Antonio González Iglesias

No hay nada
como ir por la vida confiado,
sin miedos ni sospechas.
¿Por qué el hombre
tiene que ser un lobo para el hombre
o una especie de Calígula
como sostiene el filósofo Hobbes?
Me gusta creer en los demás.
No hay fuerza más poderosa
que la bondad.
Te predispone al amor y la belleza,
a actuar libre de prejuicios,
sin intereses ni ases bajo la manga.
Fíjate cómo la confianza se refleja
en la cinta transportadora de los aeropuertos
a la hora de recoger el equipaje,
en la puerta de los bares
cuando los proveedores dejan el pedido,
en el uso de las tarjetas bancarias.
Quizá el gran confiador ha sido Dios,
que quiso domiciliarse en el hombre.
Me gusta ir por la vida
a pecho descubierto,
con los ojos llenos de fe
en todas las personas.
Soy como me veis.
Cuenta conmigo para creerte.

ODA A LOS DECIMALES

Noto que todo lo que me rodea
está lleno de decimales.
Me cuesta mucho encontrar
algo que encaje como un guante
en un número entero,
que le esté bien de hombros
y no haya que coger
los bajos del pantalón.
Me fijo en el amor, en Dios,
en la esperanza, en la poesía,
en el dolor, en la música.
Todo guarda parentesco
con el número pi,
todo se abre en ramificaciones
cuyo alcance desconozco.
Lo siento por Pitágoras,
pues todo se marcha
del territorio de la exactitud
y camina campo a través.
Incluso conozco algunos números
que se disfrazan de letra por la noche.

El mejor lenguaje

Lleva un rato hablándome
y no me deja meter baza.
Lo peor es que lo que me dice
no me interesa,
hace rato que mi atención
se ha desperdigado,
se me caen las palabras del estribo.
Podía ser más breve,
afeitándose con la navaja de Ockham,
ir un poco al grano como los pollos
pero es imposible,
enhebra una subordinada
de familia numerosa con otra.
Cuando, por fin, acaba, intervengo
y mientras hablo
pienso que a él le pasará lo mismo,
que seguro que lo que digo
no le interesa o le resbala
y está deseando que me calle.
Quizá es mejor estar juntos,
sin hablar,
dejando que la compañía
sea el lenguaje que nos hermana.

A VUELTAS CON EL CULO

Mira que estás todo el tiempo
detrás de mí
y qué poco caso te hago, culo mío.
Eres el primero en sentarse
y gracias a ti todo resulta blandito,
aunque siempre he sido
culo de mal asiento.
Con el tiempo estarás más alicaído,
más terraplanista.
Nunca me importó agrandar
la redondez de tus mofletes,
ni pensé que fueras sexi.
Debes andarte con ojo
porque de ti salen los desechos,
y también, a la chita callando,
esos señores que hablan dando voces,
como dice la adivinanza.
Te ha tocado bailar con la más fea
al estar al lado de la cloaca.
Pero yo te canto, culo mío,
por tocar las palmas
para que el intestino grueso
mueva su esqueleto.
Nunca me has caído como el culo
y te doy las gracias
por estar siempre en la retaguardia
como un guardaespaldas bonachón.
Creo que no he nacido
con una flor en el culo,

pero ahora te la pongo yo
con estos versos
a modo de bandera.

Sobre el hueco

También se posa el polvo
sobre el hueco
de un recuerdo olvidado.

La virtud y el entrenamiento

Para poner en práctica las virtudes
hay que cultivarlas.
Por ejemplo, para ser un buen profesional,
o tener una brillante oratoria
(como le ocurrió a Demóstenes
que al principio era tartamudo
y se convirtió en el mejor orador
de la historia)
se necesita entrenamiento.
Para asentar hábitos
es preciso repetirlos,
porque una sola flor
no trae la primavera
con el vuelo de su falda.
El agua no llega
hasta tu huerta
si no te afanas en construir una acequia.
Cada virtud requiere su gimnasio.

DORMIR EN CAMA EXTRAÑA

¡Qué rara sensación
la de dormir en cama extraña!
Echo de menos
la corpulencia de mi almohada
y la mano abierta de mi colchón,
a la medida de mis sueños.
Y, por supuesto,
dormir junto a la caliente placidez
de quien me ama,
en la posición de la cucharita
o agarrándome a sus pies o sus manos
para no perderme, como un globo,
en la inmensidad del sueño.
Sin ser Getsemaní,
quiero que pase esta cama triste y solitaria
por mi cuanto antes.
Mi descanso pide a gritos
descansar junto a ella.

Según la antropóloga
Margaret Mead

En el esqueleto de este hombre
se aprecia que se rompió el fémur
y lo ayudaron,
no lo abandonaron a su suerte,
alguien se preocupó
de protegerlo y de que esa fractura
se arreglara.
Este es el fósil más antiguo
de humanidad
en este mundo.

EL QUE SONRÍE

Dichoso el que se ríe
y el que se esfuerza
en que sonrían los demás.
Contribuye a ver la vida
con menos formalidad.
No me refiero a una carcajada
que puede ser grosera,
fuera de lugar
o con mala leche,
ni a una risita por lo bajini
o a medio gas,
como la de la Gioconda.
Se trata de una risa
que muestra el arte del ingenio,
que nos despereza
y nos salpica de bienaventuranza.
También es importante
reírse de uno mismo
pues la humildad es la madre de la sabiduría.
La sonrisa es una palanca
que empuja las piedras de nuestro Sísifo,
un espantapájaros
frente a los nubarrones del corazón.

MIRAR EL AGUA

Con qué alegría hace el pino
el agua de la fuente.
Cómo baja con los pelos de punta
el agua de la cumbre.
Cómo busca la lengua de las raíces
el agua de la huerta.
Cómo guarda los votos
de la orden cisterciense de la concavidad
el agua del valle.
Cómo huye de la claustrofobia
el agua de la manguera.
Cómo mete un piolet en su mochila
el agua que se evapora hasta las nubes.
Cómo tiene don de gentes
el agua de la plaza del pueblo.
Con qué resignación el agua del vaso
acepta que nunca,
nunca apagará mi sed del todo.

SABIDURÍA PÉTREA

La piedra sabe cuánto pesa,
el sitio que ocupa en el muro,
las ondas que genera al caer en el agua,
cómo ponerse para que la luz
no la deslumbre,
lo que tarda en partir una nuez,
la mano que la lanzará por primera vez
(aunque no esté libre de pecado).
También el dolor de la erosión,
que romperá su compacta unidad
y no tendrá más remedio que desmigarse
en piedras hijas.

DESPUÉS DE LEER EL POEMA *LIBRE TE QUIERO* DE AGUSTÍN GARCÍA CALVO

El amor no te hace
ser de alguien,
sino que sigues siendo tuya,
como señalaba García Calvo.
Incluso más tuya que nunca: tuyítica,
porque quien te ama
quiere que brilles,
que saques punta
a todas tus virtudes,
que la libertad te lleve
a subir los himalayas
que te gustan.
Si te ama de verdad
desea que seas
la persona más libre del mundo,
porque solo busca tu bien
a todas horas, tarde y noche,
sea en el idioma que sea.

El afilador

Oigo el chiflo del afilador
y es un tobogán
en el que me deslizo hacia el pasado.
¿Quién querrá ahora
afilar los cuchillos y las tijeras?
Me asomo y veo que va a pie
empujando su bicicleta
y perfumando el aire con su música.
Ningún ratón
sigue a este Hamelín despistado.
No sabe que al pasar junto a mi casa
ya ha hecho su trabajo:
ha sacado punta a mi memoria.

Heráclito y el estiércol

¡Pobre Heráclito,
cuya muerte se asocia
con la caca de la vaca!
Se embadurnó con ella
con la intención de que le ayudara
a eliminar sus fluidos.
Una primera versión
afirma que se ahogó
en el tufo húmedo de la mierda.
Otra que al exponerse al sol
se asfixió.
Y la tercera que al no limpiarse bien
quedó irreconocible
y fue devorado por unos perros
que lo confundieron con un animal.
Pobre Heráclito, el Oscuro,
que murió tres veces
con la misma mierda.

LA SANA IGNORANCIA

A mis alumnos les digo
que hay muchas cosas que no sé.
Es verdad que he estudiado
y he leído mucho,
pero siempre es mucho más
lo que me falta por saber.
Dichosa ignorancia
que nos invita
a seguir aprendiendo
y a reconocer con humildad
que la vida no se deja
nombrar ni medir ni acariciar
tan fácilmente
como un animal doméstico.
Dichoso este no saber
que es saber que el desconocimiento
es connatural a la belleza
con la que nos espera el mundo aquí dentro
y ahí fuera.

La nube equivocada

Homenaje a Rafael Alberti

Paseamos por las calles
del supermercado.
Echamos en el carrito
lo que está apuntado en la lista
y de vez en cuando te sales del guion;
coges algo «porque sé que te gusta».
De repente algo tan árido como comprar,
sometido a la ley
de la oferta y la demanda,
se convierte en un repentino acto de amor.
Y riegas mi alma
con la lluvia fina y tierna
de una nube equivocada que pasea
por el cielo del mercado.

El amor y la superficie terrestre

Miro mis placas tectónicas y las tuyas.
Cuando se aproximan
forman cordilleras, volcanes
y elevaciones submarinas.
Cuando se separan
mi suelo está más frío
y le sale un sarpullido
de fosas oscuras.
Las placas de mi mundo
se deslizan también junto a las tuyas.
En el fondo, el amor es una danza
de placas tectónicas
tratando de esculpir un relieve
en el que pueda sobrevivir este nosotros
donde estamos tú y yo.
Y nunca se unen del todo
por más que se aproximen
tus placas a las mías.
Siempre hay una soledad
que nos deja a cada uno
en otro continente.

El poeta es un restaurador de retablos

El poema está en el pato
que se sacude el agua
al salir de la charca.
En el rastrojo que iza su bandera
sobre las ruinas de un antiguo palacio.
En la ceja que estudia por las noches
para ser pestaña.
En la mirada de un perro
al que acaban de abandonar.
En el relámpago
que se deja depilar.
En apaciguar el lumbago
que aqueja a las esquinas.
En perfumar el humus con esperanza.
Un poema no se escribe,
no tiene nada que ver con el lenguaje.
El poeta se dedica
a restaurar el retablo del mundo
para que vibre en sus tallas
el mejor colorido.

Improvisado mar Rojo

Mientras paseaba por el claustro
el monje vio cómo la luz se abría
igual que el mar Rojo
y le mostraba, al otro lado,
la orilla de la eternidad.
A los hermanos les contó después,
en el refectorio,
que la eternidad era otro tiempo más
pero sin números ni manecillas,
solo con la arena
de un desierto llamado siempre.

VINDICACIÓN DE LA RUTINA

Me gusta la rutina.
Sé que tiene mala prensa
pero su cantinela repetida
para mí es una bendición.
La vida parece un perrito
que obedece nuestras órdenes.
No me importaría
que la gente pusiera en hora su reloj
al verme siguiendo mis costumbres,
como le sucedía a Kant.
Todo encaja en los raíles
que primorosamente
habíamos trazado,
sin que suponga vivir en una jaula.
Sé que tarde o temprano,
la vida romperá todas las agendas
y caminará campo a través,
saliéndose del guion.
Cuando menos se espera,
la vida saca a pasear la a
que tiene encerrada en el círculo
de su anarquía.

La mesita de noche

Desde luego que la cama
tiene un papel protagonista,
pero también me fijo en ti, mesilla de noche,
siempre al lado de mi sueño,
sujetando el vaso de agua,
las gafas de leer,
los libros que me llevan a otro sueño,
los pañuelos de papel,
el cuenco donde se recogen los lapiceros
para subrayar
o para anotar el vuelo de una musa,
y también los caramelos
que aspiran a combatir la tos
o la garganta seca.
Y sobre todo el reloj
con su alarma programada.
Tú, mesita de noche,
agarras mi habitación
para que no se introduzca en mi sueño
y se pierda para siempre.

Respetar la realidad

Intenta que el mundo no baje turbio.
Deja que se le vean las costuras,
que queden a la intemperie
las provincias y las comunidades autónomas.
Los ruidos y las ideologías
remueven la arena
y no dejan ver el fondo.
Obedecer la realidad
es dejar que sea como es,
con toda su belleza a cuestas,
como si le acabaran de quitar el precinto
y tú fueras Adán
y todo estuviera esperando
recibir un nombre.
Que nadie diga que no has intentado
traer el Génesis.

Agua herida

Con tristeza recojo el agua fría de la ducha
mientras espero que salga caliente.
La uso después
como si fuera agua herida.

Sobre los dientes

Me arrepiento
de no haber cuidado mis dientes
como debía.
Parecían eternos
en su blancura y su dureza,
imponentes en su verticalidad
como si formaran parte
de la muralla de Troya.
Pero al final se resintieron
por todo lo que besé
y me llevé a la boca,
el azúcar de lo que dije
y lo que no dije,
que también fue mucho.
No los cepillé
con la meticulosidad que requerían.
Algunos se torcieron,
llegaron las manchas y esas termitas
que se dieron un picoteo
con mis dientes.
En este ajedrez, las negras
comieron algún peón de las blancas.
Ahora no puedo enorgullecerme
de mi dentadura.
Intento no abrir mucho la boca,
ni decir patata
para que quede aún
más escondida en su caverna.
Alguna vez tuvo una mordida

capaz de masticar todo el mundo
que se ponía por delante.
Incluso alguna vez mis dientes dieron miedo…

La anunciación

Me ha llamado al móvil
para no echar el viaje en balde.
Cuando lo abro
no lo imaginaba tan mayor,
por el tono de la voz.
¿Cuánto le pagarán?
¿Cuántos paquetes
habrá entregado hoy?
¿No se cansará de esta tarea
de correveidale?
¿Y si su labor
de arcángel Gabriel desaparece
porque la hacen los drones en el futuro?
Quizá sea demasiada fantasía.
Me pide mi número de DNI
y se marcha muy deprisa,
porque sigue con el reparto.
La tristeza que siento
al pensar en su trabajo
contrasta con la alegría
de recibir el pedido.
Para él es un paquete más.
No es consciente
del grado de felicidad
que contiene ese envoltorio.

LA VIDA ES AMENA

La vida tiene ratos dulces y amargos,
música de *allegro* y *adagietto,*
cumpleaños y funerales.
Las agujas de los sismógrafos
registran el subibaja
de tu corteza terrestre.
Solo por algunos momentos
que han sido memorables
(en los que te has sentido
como Amstrong en la Luna)
ha merecido la pena existir.
Ya decía Borges que todos los días
estamos un rato en el paraíso.
El mundo es un valle
y por sus laderas discurren
penas y alegrías.
Nadie tiene derecho a decir
que la vida es aburrida.

Homenaje a Augusto Monterroso

Ese meteorito
que va sin rumbo,
atravesando el firmamento,
y cae justamente sobre el tiranosaurio
que estaba punto de comerme.
Pero cuando me desperté
el meteorito ya no estaba allí.

El mal poema

Homenaje a Manuel Machado

Este es un mal poema.
No tiene métrica ni rima
ni ritmo.
Carece de un tema
que dé unidad a sus versos.
No contiene las típicas palabras
como luz, amanecer, recuerdo,
tiempo y amor.
Tampoco lleva muchos adjetivos.
Supongo que al leerlo
nadie dirá que suena bien
o que es bonito.
Prefiere ser desagradable
porque propone encontrar belleza
en el alcohólico, el drogadicto,
el suicida, el enfermo,
el putero o el ludópata.
No siempre hay que destacar lo que brilla.
La vida cuenta con palacios ruinosos y chabolas.
También hay que hacer miel con la miseria.
Hablar de la vida de verdad
es hablar de las sombras y las manchas
que deja la bajamar
cuando el agua se retira.
El mal poema
necesita un buen poeta
que lo escriba
sin contemplaciones,

a pecho descubierto,
sin miedo a que no le guste a nadie,
con diez cojones por banda
y viento en la copa a toda vela.

HOTEL DE PALABRAS LASTIMADAS

La palabra «condena»
figuraba en una sentencia.
«Chantaje» salió
de la boca de un maltratador.
«Diferente» fue lo que dijo el racista.
El mentiroso pronunció
el término «verdad» muchas veces.
El político corrupto
se agarró a su «inmunidad».
El acusado de la violación
insistió en que hubo «consentimiento».
Este poema quiere ser un hotel
para que vengan todas esas palabras
que han sido lastimadas o magulladas,
para que puedan reponerse,
para que lleven sus sílabas a la tintorería,
y hagan reposo
después de tanta maledicencia.
Ojalá puedan recuperar la música de su dignidad
al ser pronunciadas
por alguien con un corazón más noble.

El maestro

Versión de un poema de José Jiménez Lozano

Nadie se fija en este gorrión
que se acaba de posar
en el alféizar de mi ventana.
No canta,
no tiene colores vistosos,
vuela como los ángeles,
busca algo que comer
pero no se desespera
si no lo encuentra,
se deja peinar por el viento que venga.
Algún día morirá
pero nadie lo echará de menos
porque es uno de tantos,
no ha llamado nunca la atención,
siempre ha pasado desapercibido.
Además, ¿quién se encuentra
un pájaro muerto en el suelo?
Sin saberlo me ha dado una lección
porque me ha regalado
lo hermoso y profundo que es ser un donnadie,
poniéndome en la cola
para ser el último.
Como si dejara de ser quién soy
para vivir en ese hombre con mayúsculas
en el que está
al por mayor la humanidad entera.

Leer juntos

¡Qué paz sentimos
cuando cada uno está en su rincón
con un libro entre las manos!
La felicidad nos inflama el pecho
y nos regala tantas vidas
como las de los gatos.
Me gusta leerte así,
sabiéndote metida como Alicia
en esa madriguera de sueño,
como Bastian y Atreyu
en su afán por salvar
a la emperatriz de Fantasía.
Leer juntos es una alta expresión de amor;
compartir este silencio
en el que cada uno siente
cómo engordan los planetas
de nuestro sistema solar.
Dios lo sabía
y por eso quiso ser leído
haciéndose palabra.

ELOGIO DEL LIBRO SUBRAYADO

Fabio Morábito dice
que un viejo no debe subrayar un libro
ya que tiene pocas posibilidades
de regresar a él,
pues en cada página se despide.
Pero yo no puedo dejar de subrayar,
con independencia
de que vuelva o no a ese libro.
Cuando leo
siempre saco mi cazamariposas
para conseguir una frase, un verso, una idea
que contengan una pepita de oro.
El libro lo vivirá
como si fuera un cariñoso tatuaje.
Los demás verán en él
que pasó por mis manos,
que dejé una senda
cuando braceé en sus aguas,
por si otros quieren nadar
por ese mismo surco.
Dichoso el libro subrayado
porque en esas líneas
encontré algo que se quedó
agarrado en mí
como un nutriente.

MI CEREBRO RECONOCE
TUS CARICIAS

Con sus manos
recorre mi cuerpo
y llega hasta el vértice profundo
de todos mis rincones.
Enciende la bombilla
de mi sistema nervioso.
Me gusta que acaricie
mis testículos y mi pene,
convocando a una reunión
a la sangre toda.
Pienso en el conocido soneto
de Lope: goza cuello, cabello,
labios y frente.
Que disfrute el cuerpo
con el tacto a todo volumen.
Me acerco tanto a la piel
que le cuesta contenerme,
que tengo un pie
fuera de mi epidermis.
Sus manos lunáticas
me han llenado de mareas.

El papel de envolver cura la ceguera

Homenaje a Christo Javacheff

El búlgaro Christo Javacheff
envolvió el parlamento alemán,
el Pont Neuf de París,
un valle en las montañas rocosas
en Colorado,
incluso cubrió con telas un río y un parque.
Practicaba el arte de la ocultación
para que la rutina
no nos acostumbrara a la belleza.
Y después, una vez que despojaba
el envoltorio,
volviera a aparecer ante nuestros ojos
con la fuerza de un obsequio.
Estamos tan ciegos
que nos olvidamos de abrir
todo lo que nos rodea
con la alegría
de quien recibe
un majestuoso regalo.

Teoría del centauro

Cualquier persona es un centauro.
Con su cabeza
debe dominar
las fuerzas animales
que acuñan sus instintos.
Está en lucha
contra el poderoso galope
al que le invita
su parte de caballo,
que se pone el mundo por montera.
Por eso todo hombre es un jinete.

El pan

¡Qué rico el pan!
Uno no se cansa de comerlo.
Ya desde el momento
de comprarlo
apetece pellizcar un trozo
y llevárselo a la boca.
Que no nos falte el pan
como principal especia
de la comida,
como argamasa para armar
el bolo alimenticio.
Pero el pan
sabe mucho más
y es más pan
sobre todo cuando se comparte,
porque siempre incorpora
el trigo de la entrega.

El ciclo de mi agua

Encendiste el fuego
y me evaporé,
convirtiéndome en primo hermano
de una nube.
Ahora debes enfriar la temperatura
para lloverme,
para recuperar de nuevo mi cuerpo
junto al tuyo.
Al lado de tu desnudez
me evaporo y me encorpezco.

Teoría de la hoja

Cada hoja se sujeta al árbol
de una manera.
Tiene su forma
de bailar con la música del viento.
También cae a su estilo.
Cuando está en la tierra
cada hoja devuelve a la raíz
lo que se había llevado del árbol
en los bolsillos,
pensando que estaría agarrada a él
para siempre.

LAS MANÍAS DE MANUEL DE FALLA

Falla se lavaba tanto las manos
que tuvo una dermatitis crónica
y una tendiditis.
Siempre estaba limpia que te limpia
las teclas del piano
por miedo a los microbios.
Incluso dicen
que no toleraba que en su casa
revolotearan más de dos moscas,
que ese era el cupo.
Siempre seguía al pie de la letra
sus costumbres
y no se le podía interrumpir
cuando se hallaba en plena composición.
Al final quedó embrujado
en la pócima ardiente de sus manías.

HOMENAJE A LA CANCIÓN
SENZA FINE DE GINO PAOLI

Cuando estamos juntos
parece que no habrá final.
Todo cabe
en estas manos gigantescas
que sentimos ahora.
No importa el ayer
ni el mañana
para este hoy
en el que lo tenemos todo.
Es increíble que nos visite
tanta dicha.
Nuestro planeta gira
de espaldas
a todo lo que acaba.
Estamos abiertos a un tiempo
preparado para durar
mucho más que una eternidad,
mucho más.

HABLA ULISES CON PAPILLÓN AL FONDO

De todas las olas que llegan
solo una me llevará a la corriente
que empujará mi embarcación
a donde quiero ir.
Solo esa.
Y aquí la espero,
a ver si puedo reconocerla.
Si no me conformaré
con otra ola
que solo podrá llevarme
a una Ítaca parecida a la que busco.

Algo se dicen

Cuando se cruzan
algo se dicen
el escarabajo y la mariquita,
el grillo y la paloma,
la hormiga y el perro,
la oruga y el saltamontes,
la garrapata y el ciempiés,
el mosquito y la araña.
Algo se dicen
pero solo ellos lo saben
en el adentro más íntimo
del universo que comparten.
Algo se dicen
aunque nunca más
vuelvan a encontrarse.

Bajar el volumen

Tanto ruido,
tanto hablar ensucia el aire,
tanto discurso vano,
tantas interpretaciones
que llenan la realidad
de viajeros nerviosos.
Conviene callarse
para oír cómo el agua
solo quiere ser agua
y el árbol se conforma
con ser solamente árbol.
Baja el volumen de todo
para ver que todo sigue su curso,
brilla en su humildad
por encima de tanta verborrea vacía,
que enturbia los colores.
A veces conviene apartarse
para contemplar cómo
la vida lo gobierna todo
sin necesidad de palabras,
con la providencia simplemente de ser.

LO INÚTIL ES LO MÁS IMPORTANTE

Homenaje a Nuccio Ordine

No digáis nunca que la belleza es útil,
que sirve para algo.
No dejéis que se ensucie
con el carbón del mercado.
Su brillo no cotiza
en las gráficas de la Bolsa.
Fijaos en la rosa,
que se siente satisfecha,
sin aspirar a ir más allá
de su maravillosa roseidad.
Fijaos en un amanecer, en un abrazo,
en la sinfonía del río,
en un cuadro de Magritte,
en una película de John Ford.
Su valía es escapar de la utilidad,
huir de lo que lleva precio.
Lo bello llena el corazón
con una altitud de miras que no cabe
en el pragmatismo
de una caja de herramientas.
No digáis nunca que la belleza
sirve para algo…

No se le nota que es poeta

No se le nota que es poeta.
Me fijo en cómo habla,
cómo viste, cómo gesticula, pero nada.
No encuentro una grieta
para asomarme a ese desván cristalizado
que aflora en sus versos.
Su sensibilidad es como un rascacielos
y no la veo por ningún lado.
Quizá tiene la sangre demasiado blanda
o una pupila especialmente puntiaguda.
Está a mi lado y no me acostumbro
a verlo tan normal, como si nada,
como uno de tantos.
Y sé que si algún día
todo se derritiera
y regresara a su magma primigenio
él sería capaz de reconstruir el mundo
pétalo a pétalo, ladrillo a ladrillo.

El claro en tu bosque

Homenaje a María Zambrano

Hacía tiempo
que no veía tanta espesura,
tanta pelambrera
formada por arbustos y matorrales,
prejuicios y miedos.
Me adentré varias veces con mis pasos
por el mismo sitio
hasta que apareció una senda.
Quería llegar al interior de tu bosque
para encontrar un claro
que me ayudara, por fin, a conocerte.

A PESAR DE SAN AGUSTÍN

Lo siento por san Agustín,
pero si amas
no puedes hacer lo que quieras.
Deberías vivir descentrado
en busca de su bien,
siempre en camino
hacia la tierra prometida
de su felicidad.
El que ama es partidario
de Parménides,
porque apuesta por la permanencia
de la fidelidad,
y también de Heráclito,
porque no se puede amar dos veces
con la misma sangre.
Teresa de Jesús diría
que vive en un gozoso sinvivir.
Amar de verdad duele,
es desmigarse una y otra vez
para alimentar el vuelo de sus gorriones.

CONVIENE SER FLEXIBLE

Dichosos los que no son cabezotas,
los que dan su brazo a torcer,
los que no se empecinan
en que triunfe su parecer a toda costa,
los que asumen que no siempre
están en posesión de la verdad,
los que no consideran enemigos
a los que piensan de manera diferente.
Bendito sean los tolerantes
porque ellos allanan la órbita
por donde circula nuestro planeta.

Dentro del adentro

Igual que el perro coge el hueso
y no lo suelta,
lo chupa y lo muerde,
lo lleva de un sitio para otro
hasta que accede a ese adentro
en el que se halla el tuétano
y encuentra, por fin, su premio,
así hice yo
para conquistar tu corazón,
para llegar hasta la profunda sima
de tu esencia.

Breve explicación
del *CARPE DIEM*

Por mucho que lo animes,
el árbol solo te ofrecerá su fruta
de temporada.

Marcha atrás

Ella solo quería amistad,
no amor.
Pero dio un paso más
al mirarlo de una forma especial
y coger su mano.
Justo en ese momento sintió
que había amor.
Inexplicablemente el semáforo
se había puesto en verde.
Luego dio un paso atrás
y regresó al terreno
que deseaba pisar:
el de ser solamente amigos.
Puso acantilados a su alrededor
para que no llegar hasta él con facilidad,
para eliminar todas las playas.
Solo ella se dio cuenta
de un amor
que duró solo unos instantes.

Filosofía en la piedra

Hay piedras que nacen
para la mano
que está libre de pecado.
Para ser la primera
de un edificio relevante.
Para ser lanzada por la honda de David.
Para vivir la experiencia de una rana
al dar botes sobre el agua.
Para formar parte de un muro
que sujeta un puente,
una iglesia o un mercado
(suelen tener don de gentes
para llevarse bien con otras piedras).
Para evitar que los papeles
vuelen como las mariposas.
Para ser utilizadas en un país
ajeno a su lengua y su cultura.
Para ser piedra sola,
vagabunda en su discurrir
y rodar por el mundo,
con las raíces recogidas en una cajita
por miedo a que salgan
y se agarren a una tierra.

El despiste

Estás en el gym
subiendo y bajando las mancuernas,
haciendo estiramientos
para endurecer las piernas,
corriendo como un hámster en la cinta,
abriendo y cerrando
para fortalecer los pectorales,
agachándote y levantándote
para redondear los glúteos,
levantando pesas para que los bíceps
asomen la carita de sus bulbos.
No te das cuenta
de que lo que ella quiere
es que leas el último libro de poesía
que le ha gustado
y también ir al teatro
a ver una obra que le ha aconsejado una amiga.
Y tú te quedas siempre por fuera,
en la litosfera,
ofreciendo a tu cuerpo la corona.

Autopercepción

La fruta madura que nadie recoge
y cae al suelo
se siente mal
porque se considera a la misma altura
que una hoja caduca.

No me gusta conducir
de noche

Me cuesta mucho
conducir por la noche.
Las dioptrías y el astigmatismo
me han ido erosionando
la perspectiva poco a poco.
No me bastan los faros
ni las luces de los coches.
Noto que mis reflejos
se han encanijado,
ya no están mis sentidos
con la corpulencia de antes.
Esto me obliga a ir más despacio,
a una velocidad precavida
que en sí me parece peligrosa,
con la predisposición de que detrás
de cualquier sonido o de una curva
esté un camión detenido
o alguien que conduzca
con un miedo idéntico al mío.
He dejado de ser un conductor
para la noche.
La oscuridad me ha desplazado
definitivamente al arcén.

Mover el Colacao

Se ha quedado el Colacao abajo,
al fondo del vaso de leche.
Y hay que removerlo
para que inunde la leche
con su personalidad.
Eso también me pasa a mí
y tengo que moverme con la cuchara
para recuperar el color y el sabor,
para que en mi sangre vuelva a brillar
la alegría de vivir.

LOS DIBUJOS DEL HUMO

Echo al fuego
lo que no me gusta de mí.
En ese humo que se aleja
veo mis caballos salvajes,
que regresan a la montaña
para diluir la bravura
de su galope equivocado.

Campos de costilla

Miro mis costillas
y les agradezco su paisaje duro
para protegerme,
para que no toque nadie
mi corazón y mis pulmones.
Benditas sean estas costillas
en su esfuerzo troyano
por amurallarme
frente a cualquier dedo.
Sin embargo, no han podido evitar
que algún caballo de Troya
se colara entre sus barrotes,
y dejara una huella traicionera
en el respirar de mi latido.

EN LOS OÍDOS DUERME
LA MEMORIA

¡Qué poderío el del oído!
Acaso fue el primer sentido
en despertarse,
allá cuando nadábamos
en el líquido amniótico.
Enseguida pone en pie
al sistema nervioso
si oye un crujido de una rama
o el lamento de un animal herido
o el gemido de placer si Salicio
está con Nemorosa.
Sabe discriminar
la nobleza de una nota musical
frente a un ruido,
que siempre lleva las manos sucias.
Trabaja sin descanso,
incluso cuando dormimos,
siempre puliendo la atención
entre el fuego y el yunque.
¡A veces le han pitado los oídos
cuando alguien confundía
oír con escuchar!
Quizá con el tiempo
ha sido derrotado
por la fortaleza física de los ojos,
que pronto sacan a relucir sus pectorales.
Pero quedará en el oído

el poso de nuestra memoria,
porque todo lo que fue vida
tuvo necesariamente su sonido.

Homenaje a la canción *Cena recalentada* de Golpes Bajos

Ese momento exacto
en el que se marcha
el último calor de la comida.
Ahora solo cabe tomarla fría
o añadir un calor nuevo o extranjero,
que ya no es el suyo,
que se convertirá
en una nueva especia
y le dará otro sabor.
La comida ya nunca
será la misma.

Je suis tout

Homenaje a los filósofos presocráticos

Soy pariente
de todo lo que hay en el mundo.
También tengo la nacionalidad
del tigre, el mar, la luna, el cuarzo,
el lirio, la montaña y el rocío.
No soy una parte de nada,
sino que vivo
con ese todo a cuestas;
todo lo que hay en el planeta lo llevo
en la tierra que soy.
Algo pasó para que mi condición de hombre
prevaleciera y me diera la apariencia
con la que me veis,
con la que salgo en las fotografías.
Pero si disminuye o se erosiona
no me costaría mucho trabajo
convertirme
en una lombriz, un geranio,
un pez o un gorrión.
Nada me es ajeno
porque todo vive dentro de mí.

La mosca en peligro

He salvado muchas veces a la mosca
que quedaba atrapada
detrás de los cristales.
Ella veía el mundo de fuera
multiplicado por sus ocelos
y por más que se esforzaba,
siembre chocaba
contra esa pared transparente.
Y yo abría las ventanas
para que por la corriente de aire la guiara
y también movía las cortinas
a modo de capote.
Tarde o temprano lo conseguí
y dejó de ser cojonera
para disfrutar del aire libre.
Yo también me he dado golpes
contra el cristal
buscando la libertad, igual que un preso.
Y necesité que alguien me ayudara.
A veces es difícil conocer
la entrada de la realidad,
dónde estar a salvo
de ese dedo que en cualquier momento
puede aplastarte.

Homenaje al poema *Susana*
y los viejos de Jorge Guillén

Tienes muchos años
y todavía te deslumbra
el descubrimiento de la carne.
Oyes la susurrante voz del deseo.
Te fijas en la redondez de sus nalgas,
en cómo se le marcan las braguitas,
en cómo empuja
la fuerza serrana de sus pechos,
que seguro que te matarían
si te los enseñara,
como en el poema clásico de la monja.
Podría sonar en ese momento
la canción *La chica de Ipanema*.
Esta disimulada observación
te arranca de cuajo algunos años
y ella repentinamente
se llama Susana.
Y recuerdas el antiguo esplendor
de tu cuerpo,
ahora que solo suena a decadencia.

EL ÁRBOL CAÍDO

Homenaje a Berkeley

¿Se puede decir
que un árbol que cae en el bosque
no hace ruido
si no lo oye un ser humano?
Por supuesto que sí.
Lo oyen los animales
y también las plantas a su modo.
Y ese ruido ensucia de amargor
la savia de los árboles
que están a su lado
y lo conocían.
Cada ser vivo tiene su manera de oír.

Variación sobre un tema de Dylan Thomas

No paro de tirar pelotas al tejado
para que siempre haya alguna
que no toque el suelo,
que esté en las alturas
porque no quiero dejar
de ser un niño.

El zasca de Diógenes a Platón con los higos

A Platón le gustaban
los higos con locura
y cuentan que se encontró
con Diógenes,
que estaba comiéndolos.
«¿Te apetece participar?»,
le propuso Diógenes.
Platón se llevó un higo a la boca
pero Diógenes le paró los pies
y sobre todo la boca.
«Yo te invito a que participes
en la idea de higo,
no a que te comas
estas sombras o copias imperfectas
de la idea de higo.
Así que ya sabes,
llévate al estómago la idea de higo,
a ver a qué sabe
y a ver si te alimenta.»

Kant y la cerveza

Después de una borrachera,
en la que acabó tirado en la calle
envuelto en su propio vómito,
Kant comienza su peculiar cruzada
contra la cerveza.
Empezó a enumerar inconvenientes,
que si nubla el entendimiento,
degenera el carácter,
malicia el hígado
y propicia el estreñimiento,
aunque supongo que mucho menos
que pasar sentado horas y horas
escribiendo ensayos
sobre a prioris e imperativos categóricos.
Desde luego que Marx no le hizo caso.
Aún se recuerda el episodio
en el que el autor de *El capital*
probó las cervezas de los 150 pubs
del barrio de Tottenham Court Road
en el centro de Londres,
cuando acabó borracho como una cuba
y perseguido por la policía.
¡Divina cerveza!
¡Gracias sean dadas
a Hildegarda de Bingen
que hizo que fuera la delicia que es ahora,
gracias al lúpulo!
Y respecto a Kant,
cuando falleció, su casa se convirtió en una taberna

Se tenía merecido este destino alcohólico
por llevar una vida
tan insulsa, tan anodina,
salpimentada con hipocondría
y abrazado a una razón pura.

HOMENAJE A RODRIGO DE TRIANA

Sube pronto al arca,
que va a empezar el diluvio.
Mete solo los animales que necesitas.
Cuando escampe tendrás oportunidad
de empezar de cero en otro suelo.
La vida te ha dado otra oportunidad,
la esperanza de empezar
en una nueva América.

RELACIÓN ENTRE EL AMOR
Y EL FUEGO

El amor es como el fuego.
Es capaz de convertir
un guiso de carne y compañía
en un plato suculento.
Y también es capaz de devorar
todo a su paso
reduciéndolo a cenizas.
Parece dócil cuando se deja domesticar
en la cocina y en el abrazo.
Pero abrasa cuando te hacer ver
que no hay amor sin sacrificio,
que tu felicidad no es lo primero.
Es dulce chimenea en diciembre
pero también quemadura
cuando calcina tu egoísmo
como una mala hierba.
Su calor solo da fruto
si en tu sistema planetario
el único sol que permanece en pie
es el suyo,
el de la persona que amas.

Verano imprescindible

Mira cómo en vacaciones el tiempo
se hace llanura,
se presenta como folio en blanco.
El cuerpo se acerca
a las yemas de los dedos
para estar más vivo que nunca.
La luz lo amarillea todo
con su fulgor de enredadera.
Si en verano no has sido feliz,
es que no sabes lo que es vivir.
Mira que vienes
con toda la sed del mundo a las costillas
y el verano conoce
qué ola, qué valle, qué río
necesita tu cuerpo
para comulgar la paz,
para ver que merece la pena detenerse
a sentir el gozo de estar vivo.

El prodigioso intercambio

El pájaro se posa en la rama.
Se lleva en el pico
un poco de la quietud del árbol
para fortalecer su nido.
Y el árbol se queda
con una pluma del vuelo del pájaro
para salpimentar su savia.

El columpio

Mientras empujo
a mi hija en el columpio
pienso que este aparato
tiene mucho de mi vida.
Quiero que me empujen
y también me doy impulso,
y subo y subo.
A veces tengo la sensación
de estar a punto de volar
y de acompañar a Ícaro
en su caminata aérea.
Pero no puedo ir más allá
porque estoy atado a las raíces,
sujeto a un hilo, como las cometas.
Quizá sea mejor así
porque sabiendo cómo soy
posiblemente me perdería
en el cielo igual que un globo
que se deja convencer
por cualquier ventisca.

PIETÀ

Vamos a derrotar al frío.
Echemos otro tronco a la chimenea.
Pégate a mí para que tu temperatura
sea una teja en mi cuerpo.
Tomemos un vino,
que así la sangre se pone
más olvidadiza y revoltosa.
No nos importa que la palabra afuera
lleve mucho tiempo bajo cero.
Nos sentimos como dos gladiadores
que han vencido a los leones.
Con nuestra cálida indiferencia
el frío ha muerto de frío
en nuestras manos.

Es raro que choquen los barcos

Variación a partir de un tema de Fabio Morábito

Es muy raro
que choquen dos barcos.
Van despacio
y se los ve venir;
basta con mirar el horizonte
para comprobar quién se acerca.
El problema es la relajación,
confiarse en que no suele pasar nada
y que el mar, igual que el cielo,
es para ti solo.
Hay que estar en Babia
para no advertir
un barco a la vista
cerca de tu embarcación.
Pero a mí me pasó
cuando ella se subió a otro barco
que había llegado ya
hasta la ensenada de mis ojos.
Y yo, qué ciego,
con la atención despistada,
pensando en que se quedaría
a navegar en mi barquita para siempre.

SU CUERPO ES MI ALMA

Cuando mi cuerpo
está junto al de ella
lo noto diferente.
Tiene otro color carne.
Se peina con la tibieza
de su temperatura.
Es como si en su cuerpo
mi cuerpo encontrara recambios para todo,
por si algún día necesita
un pulmón o una tibia.
Mis células se sienten
como si veranearan todos los meses
en la playa de su vientre.
Es como si a su lado
mi cuerpo tomara más cuerpo que nunca,
como si su cuerpo
fuera el alma de mi cuerpo.

Efecto mariposa

El guasap que me mandaste
cuando estabas a más
de diez mil kilómetros
provocó que cambiara de color
la Plaza Roja de mi corazón.

El cisne negro

En el siglo XVII el capitán Vlamingh
partió de Amsterdam con tres naves
en busca de los supervivientes
de un barco
que no regresó a su destino.
Remontando un río de Australia
descubrió cisnes negros.
De pronto se caía al suelo
la afirmación científica
de que todos los cisnes eran blancos.
La excepción se abría camino
frente al empuje de la corriente,
pero no con mucha fuerza,
porque la mayoría de los cisnes
son blancos.
Se mantuvo en pie la blancura
a lomos de la generalización.
Yo tampoco he sido muy coherente
conmigo mismo
y a veces he enseñado a mis cisnes
a ser negros.

Rememoranza del trovador

Homenaje a Federico García Lorca

¡Mira qué contento sale el trovador!
Su actuación, durante la gran comilona,
ha encandilado al público.
Con el dinero recaudado
tiene suficiente para andar
de taberna en taberna,
entregándose al juego y las mujeres.
Ahora quiere meterse en el fango,
disfrutar de la luz sucia,
llenar su sangre de excesos y placeres.
El sí que sabe lo que es vivir.
No tiene nada que ver
con esas historias
tan empalagosas y artificiales
que cuenta en castillos y celebraciones,
que es lo que desean oír los señores.

La importancia de la nariz

Recordando a Pascal

Estoy seguro de que si mi nariz
hubiera sido más estrecha,
más picuda
y un pelín más larga
la historia de mi vida
hubiera sido muy diferente.
Otro gallo cantaría.

Teoría de la cebolla

Me abriste como si fuera una cebolla,
con la intención de hallarme
en el centro,
como si se tratase de un hueso.
Y no te diste cuenta
de que había una parte de mí
en cada capa
que me quitabas.
Por eso fue imposible
que pudiéramos encontrarnos.

Aprender a mirar

Mira cómo peino mi mirada.
Podo las cejas y las pestañas.
Quito el ramaje de los prejuicios,
que tanto estorban
con su vello impúbico.
Pongo mi mirada en remojo en un barreño
para que se ablande
como las aceitunas
y la rajo para que suelte su alpechín.
Quiero que sea fiel a lo que ve.
Conviene ensillar la mirada
para que sea más receptiva,
para que no se deje embaucar
por el efecto túnel,
por el ojo de las agujas
ni el de las cerraduras,
expertas en enseñar
un mundo siempre a medias.

LA OTRA FUGA DE ALCATRAZ

Esa palabra
que acaba de escapar
de un poema insulso y vano,
sin ritmo,
lleno de palabras resabiadas
y adjetivos que levantan
dolor de cabeza
con su acompañamiento rimbombante.
Ha tardado en salir
de esa cárcel sentimental
pero al final lo ha conseguido.
Ahora necesitará un tiempo
para reponerse.
Y tener cuidado
con esos poetas
que dicen vestir con trajes elegantes
y van totalmente desnudos,
abrigados con la pompa de su palabrerío.

Esperando a los bárbaros
en el salón de mi casa

Variación de un poema de José Jiménez Lozano

Ahora que mi imperio romano se termina
invitaré a los bárbaros
a que entren en mi casa.
Los recibiré en calzoncillos,
con una cervecita,
escuchando la música de Bill Fay
y leyendo un libro de poesía.
Les diré que soy ya muy mayor
para aprender un idioma,
para acomodarme a otras costumbres
y otros dioses.
Mi capacidad de adaptación a algo nuevo
es muy limitada.
No tengo el cuerpo
para actualizaciones.
Seguiré siendo como soy,
agarrado con uñas y dientes
a mis manías e imperfecciones.
Al final me darán por imposible.
Ya comprenderán que soy
mucho más bárbaro que ellos.

Lección de geología

Tú y yo somos
dos placas tectónicas.
A veces nos separamos
y dejamos que haya más espacio
entre nosotros
y nos crece la litosfera.
Otras veces nos acercamos mucho
y uno se monta
encima de otro
como una falla.
De vez en cuando
el movimiento es horizontal,
y enseguida aparecen
los movimientos sísmicos
y algún pequeño volcán.
Pero cada uno
es el suelo del otro.

El comensal nervioso

No podía más
y pedí la cuenta al camarero.
No puede ser que tardara
tanto en servir los platos.
Quizá la culpa
era del cocinero,
pero con mi inquietud
todo venía aliñado
con una ácida vinagreta.
Tampoco había mucha gente
en el comedor.
No podía dedicar
tanto tiempo a la comida
y pedí la cuenta
sin esperar al segundo y el postre.
Cada estómago requiere su tiempo.
No volví a visitar este restaurante
en el que me comí mis nervios con patatas.

Thoreau en su cabaña

Bendito sea Thoreau
en la cabaña de madera
que construyó junto al lago Walden,
donde vivió dos años,
dos meses y dos días.
Quería retirarse para ser consciente
de lo que significa estar vivo.
¡Qué maravilloso compromiso
para luchar contra la injusticia!
¡Qué manera de escuchar
la voz de la naturaleza!
Se preocupó por cómo los bosques
se regeneran después del fuego,
cómo viajan las semillas
a lomos del viento y los animales,
cómo contar los anillos
que permanecen en el dolor de los tocones.
Desde la soledad de su cabaña
nos enseñó a ver en la naturaleza
el regazo de una madre.

IV
Y DOS HUEVOS DUROS

EL TRIUNFO DE NADIE

La naturaleza es sabia,
nos demuestra que naces
hembra o macho,
no caben medias tintas.
El sexo no puede ser
algo tan sumamente líquido
que se pueda construir a capricho.
Otra cosa es el género,
que se relaciona con el contexto social,
con el rol que te asignan en la cultura
por ser el que eres.
Pero si todo es construido
entonces el ser humano
quedará al servicio
de las subjetivas apetencias,
de vivir a la carta.
No habría hombre ni mujer,
será el triunfo definitivo de Nadie,
el nombre que se asignó
Ulises para hacerse invisible
ante el cíclope Polifemo.

La teoría del ciprés

¿Qué culpa tiene el ciprés
de estar en un cementerio?
Parece que le ha caído el muerto
con esta fea costumbre.
Ahí está con su atuendo vertical,
apuntando hacia el cielo,
empujando las raíces
hacia lo hondo
para no levantar tumbas,
y despidiendo un olor
que pone en fuga a las ratas.
Él ya está acostumbrado
y no le da pena,
pero yo sí la siento por él,
que podría lucir su esbelto señorío
en otro sitio más alegre.
Yo también me he sentido como él
cuando me han dejado a solas
en un lugar que no me correspondía,
cuando me ha tocado bailar
con la noche más fea,
con muertos que no tienen nada
que ver conmigo.

CUANDO NADIE TE VE

Una luz a solas,
en bragas,
que no es vista por algún ojo,
ni usada por nadie,
se saca un moco,
se emborracha
con licor de hierbas,
suelta un eructo,
se pinta los labios
con el color de la sombra,
que necesita algún vicio
para sentir el brillo de lo real.

La muerte del gorrioncillo

Yace muerto a los pies del árbol el gorrioncillo.
Aún estaba muy verde,
sin el plumaje asentado.
¿Por qué se cayó del nido?
¿Quiso volar antes de tiempo?
¿Se inclinó su nido
o se tropezó al acercarse al borde,
o quizá fue por una ráfaga de viento?
Es una vida truncada.
Al verlo en el suelo
he pensado que hoy el cielo
está más encogido
sin la esperanza de su vuelo.

Mi manera de amar

No sé si alguien
ama como yo.
Quizá yo he inventado una forma de amar
distinta, muy mía, demasiado personal,
con esa unicidad de que como yo
nadie ama en el planeta.
Mi corazón ha añadido
una nueva conjugación
al verbo amar.

ANÁLISIS DE LA IDENTIDAD PERSONAL

No sé si soy el mismo.
Ha pasado mucho tiempo
y son diferentes
mis tejidos, mis órganos, mis células
(como las de la córnea,
que se renuevan cada semana).
Cada poco tiempo cambia
el recubrimiento de mi estómago,
incluso el hígado y el esqueleto.
No sé si mis células
se siguen replicando
de acuerdo con la misma fórmula,
quién sabe.
Es verdad que algunos recuerdos
se han evaporado,
o se reescriben desde una memoria
acostumbrada ya al bricolaje.
A veces no soy responsable
porque hago algo
de forma inconsciente o involuntaria.
Sin embargo sigo siendo el mismo,
en mí noto el hilo del collar
que une a todos los que he sido
y al que soy ahora.
Algo en mí permanece
pese al vendaval del despojamiento,
sosteniendo como un atlas
todo mi mundo sobre los hombros.

Ese finísimo hilo,
como el que ayudó a Teseo
a salir del laberinto,
me hace ser yo en este ahora
y para siempre.

Razones para una silla

Todos necesitamos una silla
para limpiar los objetos que viven
en lo alto de las estanterías.
Para dejar que la ropa se planche
por su propio peso en el respaldo.
Para sentarnos a rellenar
un documento importante.
Para evitar que el viento
saque su genio en un portazo.
Para despertar los rizos
de las tulipas de las lámparas.
Para descansar cuando la enfermedad
te deja a solas con tu contingencia.
Para no dar nada por sentado.
Para aprender a ser silla
para los que llevan mucho tiempo
sin sentarse.

Discusión de pareja sobre las croquetas

¿Por qué no comes mis croquetas?
No, no me apetecen.
¿Las croquetas en general
o solo las mías?
No sabes si te gustan o no
porque no las has probado.
No quiero, amor,
prefiero otra cosa,
dice pinchando un boquerón en vinagre.
Y ella sabe perfectamente
que no solo son sus croquetas,
que se agarra firmemente a su prejuicio
de que no es su punto fuerte en la cocina.

TU CUERPO Y LA CIENCIA

En tu cuerpo he aprendido
lo que es la ciencia.
Gracias a ti viví la autenticidad del asombro.
La espeleología matemática
de bajar hasta tus pliegues.
La geografía en flor
de tus pechos.
La química de mezclar
mis jugos con los tuyos.
El inglés oyéndote tararear
una canción de los Beatles.
La economía de encontrar en ti
el origen de mi despensa.
La historia de abrazar
en tu cuerpo
todos los cuerpos anteriores
que has tenido.
Eres mucho más que un libro abierto
y todo lo que necesitaba saber
tú me lo enseñaste.

Relación entre
las habladurías y un iceberg

¡Qué difícil el mundo
de las relaciones sociales!
Todo se deja a la libre interpretación
de lo que has dicho,
lo que has querido decir
y lo que han contado por ahí
que andas diciendo.
Todo esto hace mucho ruido
y ensucia el aire
viendo más de lo que hay,
poniendo una pendiente
ante esta bola que se hace
cada vez más grande.
Yo no puedo controlar
lo que los demás piensan de mí
porque no está en mi mano.
Lamento si a alguien he ofendido
con mi decir,
que intentó ser bienintencionado.
Ojalá todo fuera más sencillo,
sin tantas exigencias ni habladurías,
sin tantas interpretaciones
en este angustioso protestantismo
que ve herejías y ataques por todos lados.
Ojalá nos dedicáramos
más a la parte del iceberg

que aflora en la superficie,
y no a añadir tantas conjeturas
a su parte sumergida.

El eco

El eco de la nada
suena a no ser.

La reunión interminable

Por favor, llevamos reunidos
más de dos horas,
embelesados en puro palabrerío,
hablando de cosas que no vienen a cuento.
Alguien narra las anécdotas
de su último viaje al extranjero.
Otro explica los problemas de salud
que ha tenido su suegro.
También alguien recomienda una película
que no ha tenido el reconocimiento que merece
en los últimos premios Goya.
Y otro se pone a dar una lección
sobre trashumanismo
porque acaba de leer un libro sobre este asunto.
No falta quien recomienda
comer en un restaurante
que han abierto hace poco cerca de su casa.
Ya no puedo más
con tanto aburrimiento
y tanta colección de naderías,
porque hasta ahora
lo único que se ha hecho
es perder literalmente el tiempo.
Lo malo es que parece
que la reunión parece prolongarse
hasta el infinito y más allá.
Y por eso levanto la mano,
pido la paz y la palabra,
y digo que si no se abordan los temas

para los que esta reunión ha sido convocada
me iré echando leches
y pestes por la boca.
Todo me miran mal
(salvo los ciegos, es natural)
porque piensan que voy con prisa,
que soy un maleducado por comentar
que ya está bien de que el emperador vaya desnudo,
por expresar en voz alta
lo que en realidad todos piensan
y nadie se atreve a decir.

Mi mapa antiguo

Ya no estoy como de verdad soy
en este mapa antiguo.
Algunas ciudades he perdido,
se han movido los límites
de las provincias,
han surgido nuevas montañas
y las embestidas del mar
han desgastado el empuje
saliente de mis cabos
(ahora tienen menor graduación).
Este mapa viejito
no me representa,
incluso han cambiado las carreteras
para desplazarse hasta mis costas.
Ya no tiene tantos pétalos
la rosa de mis vientos.
El desierto se ha adentrado ya
en la corteza de algún bosque.
Necesito un cartógrafo
que haga un nuevo mapa de mí
a la escala de quien soy ahora,
aunque no sé si su validez durará mucho.

UN GRIFO QUE GOTEA

Si un grifo gotea
en mitad de la noche
y te molesta
puedes envolverlo con un trapo
para espantar el sonido.
Pero lo mejor es atar
un cordel para que la gota
descienda a modo de tobogán,
con un aire infantil,
hasta desaparecer
en la oscuridad silenciosa del desagüe.
Pero nunca se cierra del todo
el grifo de la infancia.

Ser miga para la hormiga

Me quedo mirando
a la hormiga
que pasea tranquilamente por mi cocina.
¿A dónde irá
con esa miga de pan a cuestas?
Cuando entre en su hormiguero
¿cuántas galerías atravesará?
¿Cuánto tiempo estará
bajo tierra
hasta que vuelva a salir?
A lo mejor la premian
practicando sexo,
o con un tiempo extra de descanso.
¿Hasta dónde llegarán
las galerías de su hormiguero?
¿Tendrá una habitación
amplia y confortable?
Me haría miga
para saber ese mundo subterráneo
que ha construido
con su ingeniería hormiguil.

EL BOSTEZO

Bendito sea el bostezo para el insomne
porque abre la posibilidad
de que lo visite el sueño.

ESCENA DE LA PELÍCULA *PAJARICO*

Francisco Rabal está en una silla
en la playa, frente al Mediterráneo.
Se protege del sol
con un sombrero de ala ancha.
Lo milagroso es que no le duele nada,
ni un pelo, ni una célula,
ni siquiera le asalta un pensamiento negativo.
Y exclama: «¡Qué bien se está
cuando se está bien!»
De repente su mundo está bien hecho.
Se siente gozoso
en el trono de esta Ítaca repentina.

CON PELOS EN LA LENGUA

Acepto tener pelos en la lengua,
si alguno del bosquecillo de tu pubis
con valentía acampa
en la caverna de mi boca.

LA POESÍA TE ENSEÑA A MIRAR

Alguien dirá que podía estar de fiesta,
tumbado en el sofá,
viendo una película, viajando
o a lomos de otra ocupación más atractiva.
Sin embargo estoy en mi estudio
escribiendo versos.
No lo hago por ganar dinero,
ni para alcanzar fama,
pues vivo como un liliputiense
o escondiéndome,
como recomendaba Buda.
Es una vocación
que me acompaña desde pequeño.
Ojalá la poesía me ayudara a amar más.
De su mano aprendo a ver más y mejor.
No es fácil estar atento a la realidad,
que ofrece tantas galerías
y tantos cajones por abrir.
Ojalá mis ojos no se quedaran en la cara
y bajaran a los demás sentidos
para ayudarlos a ver en hondura.
Con que la poesía me regale
unas gafas de ver de cerca
me conformo.

Lo que cae en ti

La caída del pelo.
La de la caspa.
La de las tetas.
La de caer en la cuenta.
La de tropezarte
o pisar algo escurridizo.
La de los párpados.
La de la erección.
La del culo fláccido.
La de la ropa.
La de un recuerdo
que se marcha al olvido.
La de descubrir lo que estaba
en la punta de la lengua.
La del pellejo.
La bronca o la del pulpo.
La de la orina y las heces.
La de la baba.
La de caer bien a alguien
La del alimento
que se recibe con agrado.
La del alcohol.
La del yacimiento sexual.
La del sudor.
La de no poder
con el peso de la cruz.

El tocón

Me acerco al tronco
y miro sus anillos,
que se extienden
en círculos concéntricos hacia fuera.
En la memoria de este árbol
seguro que figuran
incendios, huracanes,
inundaciones, explosiones volcánicas,
sequías y hambrunas.
También vio pájaros con vértigo
y nubes a las que les faltaba un brazo.
Algunos días le costó respirar
en medio de una helada
o al notar la presencia de un leñador.
Son recuerdos que se convirtieron
en cicatrices,
que en su día arañaron
la fuerza de su verticalidad,
pero supo aislarse de ellos
y crecer sobre su olvido.
Sé que se ha conformado con el clima,
con el agua que le ha llegado,
con los nutrientes que le han correspondido.
Con los años, su madera
se hizo más oscura, de paredes gruesas.
Ojalá me dieras algo de tu savia
para mantenerme erguido

en cualquier tierra.
Hoy enmarco en este poema
el oro nobiliario que brilla en tus anillos.

La muerte de Sísifo

Cargaste con la sombra de mucha gente
con tu inocente intención de ayudar.
Eras un Sísifo
o un escarabajo pelotero
que llevaba a todos lados
tus problemas y los de los otros.
Al final te aplastó
el hierro macizo de una noche
que no te correspondía.

Una nueva fuga de Alcatraz

¿Vosotros pensáis
que una máquina fría,
aséptica, instrumental, informatizada,
va a tener mi compasión,
va a pedir perdón
como hago tantas veces,
y se va a emocionar
como me pasa a mí
cada vez que me pide un pobre,
cada vez que encuentro un perro vagabundo,
cada vez que veo Espartaco
por enésima vez?
¿Pensáis que una máquina
puede interpretar como yo,
alardear de mi ironía,
calzarse por las buenas
esta sensibilidad que me hace
ser el que soy?
¿Creéis que una máquina
puede escribir, rezar, replicar,
sugerir, informar, soñar como yo
o hacer un poema como este?
¿Pensáis que lo que sé
y lo que siento
puede hacerlo una máquina
con un manojo de datos y de chips?
Vais de culo.
No me conocéis.
Estoy dispuesto a ser

el hombre más raro del mundo,
el único de mi especie
para que no me atrape
nunca la memoria de una máquina.

CUANDO DIGO QUE UN POEMA
NO ME GUSTA

Me arrepiento de todas las veces
que he dicho que un poema es malo.
Tal vez lo compuso un trovador
y encandiló con él a los asistentes
a una boda allá en el medievo.
O se trata de una historia sencilla
que arrancó una sonrisa a un niño
porque tenía mucho sentido del humor.
O agradó a los que lo leyeron
por su temática terruñera,
basada en tradiciones o costumbres
muy bien entrelazadas,
con el soniquete de la rima.
Quizá el tema no me parecía original,
aportaba poco,
caía en lugares comunes,
no aparecían figuras literarias
y hacía gala de un uso desordenado de la rima.
Aunque no me guste este poema
sí que emocionó a alguien,
llegó hasta el fondo
de donde pueden llegar las palabras.
¿Quién soy yo para asumir
el papel de juzgador literario
capaz de deslindar lo bueno de lo malo?
¿Dónde está el código normativo
para impartir justicia poética?
El poeta se ha esforzado

en contar lo que siente con los versos
y eso ya lo justifica.
Asumo que mis poemas
tampoco gustarán a muchos
y me dirán que este listillo
incurre en lo mismo que critica.
Dios mío, perdóname
por autonombrarme juez sin saber ni merecerlo.

A la caída de la tarde

Llego ya al final de la tarde
casi sin pilas,
con poca gasolina,
anegado en el arrozal
de mi propio cansancio.
La lechuza de Minerva
levanta su vuelo
y me pregunto si he aprovechado
bien el tiempo,
si lo he entregado
a lo que de verdad importa.
Ojalá este día
haya sido una oportunidad de oro
para mejorar,
que no haya pasado en vano
como uno de tantos,
sin su pena ni su gloria.
Ojalá haya sumado algo
al haber bondadoso de mi corazón.
San Juan de la Cruz me preguntaría
si lo que he hecho
se ha justificado por el amor.
Ahora solo me cabe
pedir perdón por los errores,
que son muchos
y los sufren los que más quiero,
y pensar que mañana
mi Lázaro volverá a resucitar

para que con mis débiles manos
añada a la luz
un pequeño barniz de ternura.

El capitán Nemo

Cansado de la codicia,
la burocracia y el conflicto
se subió a bordo del Nautilus
y se adentró
en las profundidades del mar,
buscando otro paraíso
en el que encontrar la felicidad
lejos del territorio de los hombres.

EL TENISTA ROMPE LA RAQUETA
AL PERDER EL PARTIDO

Después de perder un partido de tenis
contra Gaël Monfils,
el tenista Carlos Alcaraz
golpeó la raqueta
varias veces contra la pista
hasta romperla.
Qué mal ejemplo para los niños,
romper una raqueta que algunos
no podrán comprar por ser tan costosa.
La ira es mala consejera
y te lleva a hacer acciones
de las que después toca arrepentirse.
La rabia siembra niebla en tu raciocinio
y deja que tus instintos desplieguen su bandera
en la azotea de tus ojos.
Es mejor aguardar
a que amaine la tormenta.
Después todo se verá
con más indulgencia y humildad.
Así aprenderás a poner la música
que amamanta todas tus fieras.

COMO LOS PÁJAROS

Benditos sean los pájaros.
Algunos cantan como los tenores
y otros no saben ajustarse
a las notas musicales.
Algunos tienen nidos elegantes
y otros son sintecho.
No tienen médico.
Comen lo que la naturaleza
sabiamente les ofrece.
Algunos están enfermos
y siguen volando como si tal cosa.
Algunos se suben a los tejados
y a otros les gusta caminar por el suelo.
No pagan impuestos,
no saben lo que es una comisaría
ni un juzgado.
Su oficio consiste
en vivir como los pájaros.
A todos les gusta
que les llamen con el nombre de pájaro.
Buscan un refugio
cuando hay tormenta
o el cielo muestra sus colmillos.
No saben que van a morir.
No tienen pasaporte,
ni hacen la declaración de la renta
ni cumplen con el permiso de circulación.
Les gusta posarse en las ramas
de cualquier árbol

y en los cables de alta tensión,
bañarse en los charcos,
picotear en los frutos
que nadie coge
porque crecen en ramas altísimas.
No les importa su color,
las características de su pico,
la algodonosidad de su plumaje.
Cada pájaro puede ser
el pájaro que quiera
y nadie dice ni pío.
Si no les gusta el clima
se marchan a otro sitio
sin necesidad de hacer maletas.
Benditos sean todos los pájaros.
Ya me gustaría a mí
vivir en una ciudad tan abierta
y ligera como esa
en la que viven los pájaros,
donde todos parecen ser el mismo pájaro
en su alegría ligera de vivir
como los pájaros.

Teoría del velcro

Cada vez que el ingeniero suizo
George de Mestral
salía al campo a pasear con su perro,
el animalito regresaba a casa con muchas bolitas
de algunas plantas adheridas a su pelaje.
Debía desprenderlas con cuidado
para no hacerle daño.
Eso le dio una idea
para crear una tela con ganchos
que se uniera sin necesidad
de usar botones ni cremalleras.
Así fue como se inventó el velcro,
que es un acrónimo
formado por dos palabras francesas:
velours, que significa terciopelo,
y *crochet,* que es gancho.
Al principio la moda no vio el invento
con buenos ojos.
Pero sí lo hizo la NASA,
que lo utilizó en los trajes espaciales.
Después se usó
en equipamientos deportivos
y en la vestimenta de buceadores y esquiadores.
Todo fue gracias a su perro
y a esas plantas que habían desarrollado
un peculiar sistema de adhesión
para que los animales llevaran
de un sitio a otro sus semillas.
Desde que te amo

yo ya notaba que estaba
totalmente pegadito a ti
como un velcro,
sin saber quién hacía de bucle
y quién de gancho.

LOCUS AMOENUS

Habla Jane

¡Qué a gusto estamos,
Tarzán mío, en la selva,
lejos de la civilización!
Aquí no llegan los impuestos,
ni la televisión ni el móvil,
no conocemos las noticias,
no hay necesidad de DNI,
ajenos por completo a la posibilidad
de ser localizados.
Solos tú y yo
como dos animalitos más,
en medio de la naturaleza,
sin más ocupación
que disfrutar la vida
como una página en blanco,
con la única tarea
de hacer lo que queramos,
de recibir cada latido
con la atención que se merece.
Totalmente de espaldas a esa civilización
que solo aspira a encadenarte a los deberes.

4'33"

John Cage se sienta ante el piano.
Levanta su tapa pero no toca.
No hay notas ni sonidos.
Florecen los carraspeos,
las toses, los suspiros
y los silbidos del público,
que esperan impacientes
que despegue la música.
El compositor quería demostrar
que el silencio absoluto no existe
cuando hay vida:
puedes escuchar
el sonido de tu maquinaria interior
y cómo tus pensamientos
saltan de rama en rama
como un mono loco.
El concierto había empezado
desde el momento
en el que el intérprete estaba allí.
Tú formabas parte de la orquesta
y no sabías que tocabas tu instrumento.

ECCE HOMO

Miradme bien.
Aquí estoy yo.
El mismo con el que podéis cruzaros
por la calle.
Con mi prisa a cuestas,
con ganas de comerme la vida
en dos bocados.
Sé que se me ven desde lejos los defectos.
He intentado limarlos,
rasparlos con un poco de lejía
o cortarles las uñas,
pero no siempre lo he conseguido.
Aquí estoy con parte
de la estatura que tengo
(siempre llevo más en los bolsillos),
con mis ojos verdosos
y las ganas de hablar
o, ay, de interrumpirte
porque siempre creo que tengo
cosas interesantes que contarte.
Algunas veces me ha podido la timidez
mezclada con el orujo del miedo.
También esa comodidad
de quedarme en mi concha de caracol
porque ninguna lluvia me gustaba.
Dijeron que soy un bicho raro,
un poco ácrata o anarquista,
que no cree en ningún camino
porque quiere construir su propio camino.

Cuando he subido las montañas
nunca me ha importado
trotar por los cortafuegos.
Hicieron muchos comentarios de mí
y algunos tienen razón,
aunque solo me conozco
el cuarenta por ciento.
Si me veis inquieto
es porque siempre he pensado
que no estoy detenido en mi naturaleza,
pues estoy sin terminar,
aún tengo que pasar más tiempo en el horno.
Este es mi hombre.
Ahora podéis decidir
si vais a crucificarme
o me voy al bar con Barrabás
a tomar unas cervezas.

FLOWER POWER

Si fuera una flor
mi fototropismo consistiría
en buscar la luz de tu mirada.
Encontraría suficiente sol
en tu sonrisa
y en la colina de tus pechos.
Y me agarraría a tu cuerpo
para encontrar agua,
buscando como loco
en los nidos de tus jugos,
por arriba y por abajo.
Contigo tendría suficiente
para elaborar mi propio alimento,
sin necesidad de acudir
a un supermercado.

LA VASELINA

La aguja tiembla
y se pone vaselina
cuando se le acerca un camello.

OTRO TRÁNSITO EN EL WC

El hombre se baja la cremallera
y saca el pene
y empieza a mear.
Puede ser una meada
de chorro gordo o fino,
que dure más o menos.
Nota cómo la vejiga
se va vaciando poco a poco
y también el calorcillo
que provoca la orina
en su recorrido hasta que sale.
Como tarda un poco,
da tiempo a pensar mientras tanto,
incluso a apuntar
con la manga riega
a un sitio o a otro.
Es increíble la labor de descarte
que hacen los riñones,
siempre con su colador encendido.
Conviene no aguantarse mucho,
si no que se lo digan
al astrónomo danés Tycho Brahe,
que durante una comida tomó mucho alcohol
y aguantó más tiempo del aconsejable sin ir al baño
y eso le produjo una infección
que lo llevó a la muerte.
Después se sacude el glande
para que salgan las últimas gotinas.
Y se marcha satisfecho,

sin agua sucia,
dispuesto a beber
para intentar calmar el dolor
de una sed inagotable.

El árbol triste

Como el árbol tenía complejo de arbusto
era incapaz de dar más sombra.

Mapa

Me dicen que si no me cansa
vivir en la llanura,
que un paisaje
lleno de planicie
resulta muy aburrido.
¡Qué ilusos!
No saben que en ti
tengo los Pirineos,
la meseta central,
el río Duero,
la sierra Morena
y el sistema penibético.
Incluso el estrecho de Gibraltar
para cruzar a la galaxia
de otro continente.
No saben que la Península Ibérica
en la que vivo
tiene la escala de tu cuerpo.
Desconocen que en ti
crece la cosecha
de mi geografía toda.

¿Nada existe?

Georgias dijo que nada existe
y que si algo existiera
sería incognoscible.
Esto me parece
difícil de sostener:
basta con abrir
los portales de los ojos
y llevar la realidad
hasta las orillas de tus manos.
Y sostuvo que si algo existiera,
sería incomunicable.
Todo lo que doy por existente
para mí tiene su cuerpo
en este mundo y hablo de ello
en los poemas.
¿Para qué quiere existir una manzana
si no puedo contar ni cantar su sabor?
Que Georgias se quede con su nada
tapando todo lo que existe
con un rocío de teoría.
Todo lo vivo lo tengo cerca
y puedo llevármelo a la boca.

La reducción

Si doblo bien
todo lo que soy
estoy seguro
de que cabe en tus hoyuelos.

EMILY WILDING DAVISON ES ARROLLADA POR EL CABALLO ANMER

Emily Davison llevaba años
militando en organizaciones
que reivindicaban el voto de las mujeres.
Protagonizó muchos altercados,
que alguna vez la llevaron a la cárcel.
Cansada de la poca visibilidad de sus protestas
el 4 de junio de 1913 decidió interrumpir
una importante carrera de caballos
portando una bandera sufragista.
Al salir a la pista del hipódromo
fue arrollada brutalmente
por un caballo llamado Anmer,
cuyo propietario era el rey Jorge V.
Debido al fuerte impacto
entró en coma y murió al poco tiempo.
Muchos pensaron que era
una enferma mental
que buscaba su suicidio,
y se preocuparon más
por el caballo y el jinete,
que se recuperó de una conmoción
cerebral suave.
Lamentablemente se negaba
el voto a las mujeres
porque debían dedicarse a las tareas
maternales y hogareñas,
no era un asunto que les correspondía
ya que la política

parecía una cosa de hombres
o, incluso, algunos dijeron
que tenían una mentalidad conservadora
y eso inclinaría de antemano
el resultado de la democracia.
Para romper esta mentalidad
muchas mujeres lucharon
y algunas pagaron con su muerte.
No hay nada más natural
que la mujer pueda decidir
sobre su vida y la política
y reconocer que el color
de su dignidad es exactamente
el mismo que el del hombre.
La igualdad no ha caído del cielo
y ha habido que pelear por ella
con uñas y sangre.
Y lo peor es que aún queda
para que en este mundo
hostil, áspero y acuoso
(que difumina los contornos del sexo)
se haga justicia a las mujeres.

Maquiavélica

Tú sabes bien que el fin
justifica tus medias.

El otro viaje

Más de quinientas personas
duermen todas las noches
en el aeropuerto de Barajas.
Se ponen bocabajo
para que la luz de la terminal
no los moleste.
Se asean como pueden
en esos baños.
Junto a ellos pasan
viajeros con maletas
que van a un destino
por cuestiones de trabajo
o con la alegría de encontrar
la paz del hogar o del descanso
en República Dominicana.
Pero los indigentes
viven en una zona de tránsito,
sin norte, sin casa,
dejando volar su imaginación
en cada avión que despega o aterriza.
Ellos están atrapados
en las arenas movedizas de la pobreza.
Su único vuelo
es pasar la noche al resguardo.

EL YO

Mira que es pequeña
la palabra yo,
pero qué cabrona, cómo daña,
cómo ensucia la sangre.
Si la dejas, te pone el pecho
perdido de medallas,
hace que te creas
don Importante.
Incluso que te moleste el éxito
que brilla en los demás
porque para ti quisieras
tenerlo entre tus manos
(darías un zurriagazo a Abel
sin pensarlo dos veces).
Mira que es necesario tener un yo
porque no puedes vivir
como un donnadie,
como si fueras el autor del Lazarillo.
Pero si no lo atas corto
te empuja a ser su mayordomo,
a sentir que no te valoran
pese al enorme kilometraje
que presenta tu currículo.
Ten cuidado con el yo,
que a toda costa quiere sacarte
del territorio sagrado de la humildad.
Si dejas al yo a sus anchas,
es capaz de devorarte
con sus jugos gástricos.

La ducha

Ahora que nos duchamos juntos
me gusta enjabonarte lentamente.
Por ejemplo, la espalda, siempre rezagada,
que ha llevado
tantas mochilas y tantos hombros.
También el culo y el pubis,
como un Pedro que anda por su casa,
pero con unos ojos
que no son solo los del sexo.
Esta calma me ayuda a crear
un espacio en medio de la prisa cotidiana
para ver todo lo que compartimos,
para ver que cada uno continua en el otro.
Con este nosotros
podemos aguantar todo lo que venga.
El agua de estar juntos
no sé cómo, pero me ha limpiado por dentro,
ha llegado hasta el vértice
de mis ángulos más agudos.

Ponerse mirando para Cuenca

Me gusta la poesía
de Luis Alberto de Cuenca.
No tendría paciencia
para la métrica, la música y el ritmo.
Si me pongo esas mallas tan ajustadas
seguro que se me meten
los versos por la raja del culo.
A veces pienso que es una poesía
demasiado prosaica,
pero recuerdo que la mía
también lo es, incluso en exceso,
y se me pasa.
La mesa de sus poemas
se apoya en el amor y la cultura.
Quizá echo de menos
un poco de canallismo
y más sentido del humor.
Me gusta su poesía clara,
tintinesca, cotidiana, de poeta
que ha amado y leído mucho.
¡Su luz ha sido una linterna
cuando, como Diógenes,
buscaba ese hombre que era mi estilo!

La sandalia de Empédocles

Para Empédocles
el fuego, el aire, la tierra y el agua
son las raíces de todos los elementos.
Todo se une y se congrega
gracias al amor,
y se separa o se degenera
debido al odio,
que son las principales fuerzas
causantes de todo lo que existe.
Aseguraba que antes de ser Empédocles
había sido un niño, una niña,
un arbusto, un pájaro y un pez marino.
Pensaba que la muerte se produce
cuando la sangre ha perdido su calor.
Murió arrojándose, vestido de forma elegante,
al interior del volcán Etna.
Unos dicen que pretendía
observar de cerca una erupción,
o esconderse de sus perseguidores,
o se dejó llevar por el deseo
de elevarse hacia lo infinito,
o fue por el pesimismo
ante un mundo en el que predomina el odio,
o quiso enterrarse en la materia
como un acto de amor.
Junto al volcán
se encontró una de sus sandalias.

Calzarse esa sandalia
es convertir el amor
en el principio básico de la sabiduría.

Carga y descarga

Aquí no se puede aparcar.
Necesito un espacio
de carga y descarga
a mi alrededor,
igual que una planta
precisa un surco
para respirar y crecer
y estirar sus raíces.
No me atosigues
y déjame sitio alrededor,
que estoy en obras,
ando construyéndome,
necesito un cinturón de nada
por si se dilata mi yo
aunque no sea verano.

La oración del cocido

Te doy gracias, Padre Dios,
por el cocido.
Primero por el vuelco de la sopa,
bien desgrasada y sabrosona,
con sus fideos cabellín
y algo de mojete.
También por el plato de garbanzos,
con mi preferencia por los pedrosillanos,
pequeños y con pellejo fino,
y acompañados de repollo,
patata cocida o nabos rehogados,
con su chorrito de vinagre y aceite.
Y luego llega ese espectáculo circense
que es la pringá,
con la carne de morcillo,
el hueso meloso de rodilla,
el hueso de caña con su tuétano,
el tocino entreverao,
y el hueso de jamón,
que es lo que más me gusta,
con su pielecita
y un jamón que no se haga bola
ni sepa a rancio.
Santificado sea el cocido
y dánoslo con el pan de cada día.
Y que en esa tentación,
a pocos milímetros de la gula,
hagamos un hueco
para que sobre,

para que quede sopa
y otro día podamos vestir
el estómago con ropa vieja.
Y que el cocido nos acompañe
por los siglos de los siglos. Amén.

EL SEÑOR POTATO

El señor Potato es un juguete
con forma de patata
al que se le pueden insertar
la nariz, los brazos,
y otros complementos.
Mide 17 centímetros de alto.
Lo inventó George Lerner en 1949.
Aparece en la saga cinematográfica
Toy Story, que tanto me gusta.
En los juguetes vive el Peter Pan
que nunca me he abandonado del todo.
Si pudiera elegir,
no regresaría al reino de mi niñez.
Para mí el paraíso
fue vivir la infancia de mi hija
centímetro a centímetro,
paso a paso.
Con su crecimiento me insertaba
las piezas que me han hecho
ser quien soy,
como si yo fuera un señor Potato
en sus manos.

V
NOS VAMOS A IR YENDO

Poética fluvial

Elijo bien el lugar del río
donde ponerme a pescar.
Un sitio donde no haya mucho jaleo,
algo apartado,
con corriente viva.
Miro al cielo
por si los pájaros
me orientan
para saber dónde hay peces.
Pongo una apetitosa lombriz
en el anzuelo
y lo lanzo con fuerza al corazón del río.
Mientras espero
leo a los poetas que me gustan,
porque ellos han alimentado
mis deseos de pescar
y me han enseñado con sus técnicas.
Cuando pica el poema
le quito el anzuelo
con mucho cuidado,
para no hacerle daño.
Y lo devuelvo al agua,
porque sé que no me pertenece,
para que siga dando vida al río
con su cántico.

El calentamiento global
o la ropa que colmó el vaso

La ropa que colmó el vaso
fue aquel tanga
que te dejó a escasos milímetros
de la desnudez.

El perro Argos

Como cuando entró en Troya
a robar la escultura
del templo de Atenea,
Ulises llegó a Ítaca disfrazado de mendigo.
Solo lo reconoció su perro Argos
¡y eso que habían pasado veinte años!
El animal estaba con su vejez a cuestas,
comido por las garrapatas,
tumbado sobre un montón de estiércol.
Movió las orejas y el rabo
pero no le alcanzaban las fuerzas
para alzarse sobre las piernas de su amo.
Ulises se emocionó
y se le escapó una lágrima.
Le dolió no poder acariciarlo
para no delatarse o ser reconocido.
Había pasado mucho tiempo
desde que lo llevara de caza por la isla
cuando era un cachorrillo.
Ahora ya el perro podía morir en paz.
¡Cuánta fidelidad, cuánto amor
se asomaba por aquellos ojos
ensombrecidos por las cataratas!
Un perro siempre es un maestro.
Con su lealtad y su acatamiento
afina la guitarra de nuestra humanidad.

EL ETERNO RETORNO DEL MATERIAL RECICLABLE

He metido en el contenedor correspondiente
algunos objetos de plástico
de mi carácter,
algunos recuerdos de vidrio
y también un periódico
con las noticias
que me hubiera gustado
que sucedieran en mi vida.
Todo volverá a ser reutilizado
pero no sé en qué,
supongo que habrá vuelto a mí
en otro formato.
O hubiera preferido
que se marchara de mí
para siempre,
como una basura
totalmente desechable.
Pero siempre vuelve
a lomos de una segunda oportunidad
aunque no quiera.

El castillo

Hago un castillo de arena
en la playa,
con un pequeño canal
para que pase agua.
Mi feudalismo consiste
en esculpir sus torreones,
su foso, su portón.
Ojalá en él pudiera proteger
la seguridad de mi señorío.
Pero enseguida entra
demasiada agua y se desmorona.
Lo mismo pasará con mi vida,
por mucho que trate de ponerme a salvo
en castillos cada vez más sólidos.
Al final podrá con mi casa
el soplido del lobo
y el mar vendrá a recoger
lo que es suyo.

El síndrome del nido vacío

Al manzano le agobia
que todas sus manzanas
maduren al mismo tiempo.

EL DEDO DÍSCOLO

El dedo de la peineta.
El que sacó el moco.
El que mató a la hormiga.
El que sabe ser pene.
El que se metió en el ojo del culo.
El que quitó la legaña.
El dedo al que hay que subir para pedalear.
El dedo que probó la comida.
El que estimuló el glande y el plequeño.
El que se introdujo en la oreja.
El que explotó el grano.
El dedo con uña en ristre
que se convirtió en improvisado escorpión.
El que se hizo pasar por ginecólogo.
El dedo sindicalista que dice
representar a los demás dedos.
El que señala y amenaza.
El que rasca huevos y sobacos.
En todas las manos
siempre hay un dedo
un poco sinvergüenza,
que no se chupa el dedo,
experto en saltarse el protocolo.

LA GOZOSA IGNORANCIA

Este no saber
lo que cada célula
guarda en su adentro,
lo que piensa
una neurona mía,
lo que recuerda mi estómago
de las últimas comidas,
lo que se almacena en mis amígdalas.
Este no saber
qué sabe de mí
mi cuerpo y mi alma.

El astronauta imposible

Ya dijo José Bergamín
que si fuese un objeto, sería objetivo
pero como soy un sujeto, soy subjetivo.
No puedo salirme de mí
como si fuera un astronauta.
Solo puedo hacerlo desde lo que soy,
con mis sentimientos y emociones,
mi punto de vista y mis querencias,
desde el don Quijote y el Sancho Panza
que en mí viven.
No esperéis de mí una objetividad
que me impide ser yo,
porque va contra mí
y además es imposible.

Relevancia de un tú

Cuando un dios
deja de tener creyentes
solo le cabe creer en otro dios
o ser autocreyente.
Pero esto último
no en encaja en el concepto de religión,
en el que se necesita un Tú
como Dios manda.

RELACIÓN ENTRE UNA ORQUESTA Y CONDUCIR

Fíjate cómo el tráfico
es una sinfonía de impaciencias.
Alguien va tranquilo
oyendo la música que le gusta,
pero también alguien llega tarde,
quiere apurar el tiempo
porque acude tarde a una cita,
porque pronto
debe fichar en su trabajo.
Con el coche cada uno
toca su instrumento
en esta orquesta de paradas
y adelantamientos,
de calmas y de enfados,
de música clásica y *heavy metal.*
Cuando salgas a conducir
piensa en los demás
porque formas parte de una orquesta.
Tú decides la partitura
con la que llevas el volante.

Despertar del miedo

Cada vez que limpio el polvo
mis objetos tienen miedo.

MIGUEL HERNÁNDEZ LLEGA
POR PRIMERA VEZ A MADRID

Con ganas de triunfar en la capital como poeta,
el 1 de diciembre de 1931
Miguel Hernández sale de Orihuela
en un tren hasta Alicante
y luego coge otro para Madrid.
Este Quijote no tiene más armadura
que las diez pesetas de su madre
y unas cartas de recomendación
para encontrar algún padrino.
Se aloja en una pensión
en la calle Costanilla de los Ángeles
y después en la Academia Morante,
donde le dan cama
a cambio de trabajar como portero y bedel.
Lo echaron de allí
y tuvo que pasar días a la intemperie,
durmiendo en portales, estaciones de metro,
recovecos, donde fuera.
Sintió en sus carnes las garras
del hambre y del frío.
En medio de tantas calamidades,
delgado como un fideo,
con la ropa raída y los zapatos rotos,
encontró refugio, a parte de las casas de amigos,
visitando la Biblioteca Nacional
y el Museo del Prado.
La cultura nutre el cuerpo y el alma
lo mismo que una sopa.

Después de una infección pulmonar,
y gracias a la caridad, consigue un billete
para regresar a su casa, pero un revisor del tren
le pide le pide que se identifique
y como carece de documentación
lo expulsan en Alcázar de San Juan,
donde es conducido a la cárcel municipal
(la primera de las doce que vendrán después).
Gracias a la generosidad de su amigo Ramón Sijé
consigue llegar, por fin, hasta su casa.
Aunque la experiencia madrileña fue muy triste,
volvería a ir después
con su *Perito en lunas* bajo el brazo,
para conocer a Neruda y Aleixandre.
Su rayo ya no cesó.
Pasó de sacar leche de las cabras
a ordeñar sueños y horizontes.

La colilla de Fausti

Veo cómo mi amigo Fausti
no acaba el cigarrillo
y, después de apagarlo,
lo deja en una piedra de la pared.
Me sorprende y le pregunto
por qué hace eso.
Me responde que piensa
en los que carecen de dinero
para comprar tabaco,
así podrán fumar lo que queda.
Siempre es mejor eso
que coger una colilla del suelo,
anegado de suciedad y de bacterias.
En ese gesto de mi amigo
veo un ejercicio amoroso de tutela
en favor de aquellos que tienen
la dignidad erosionada,
a los que no les preocupa
nada la suciedad del suelo,
sino que sea dolorosamente
frágil y blando.

Acaba de pasar la máquina quitanieves

Cuando la máquina quitó la nieve
salieron a la luz nuevas carreteras y caminos.
La nieve había construido
otros senderos.

Miro los puerros

Entro en la frutería
y me quedo mirando los puerros,
tan verticales,
tan dóricos,
como esperando sujetar
el pórtico de un templo.
Pienso que no sé bien
cómo emplearlos,
cómo sacarlos partido
en algún guiso.
Si estuviera conmigo mi madre
me diría sus efectos beneficiosos
y mil maneras de cocinarlos.
Pero ahora me quedo
admirando su fisonomía,
su largura verdiblanca.
Me alegra que la belleza
haya ganado a la utilidad.

Soy minero

Huyo de los triángulos.
sobre todo los agudos,
porque no me gustaría
tener vértices.
Preferiría ser un círculo
y con un trabajo intenso
de minero
excavar en mi interior
hasta llegar al mineral
que busco,
que es convertirme
en una circunferencia
para que puedas pasar
dentro y a través de mí.

El oro de la conversación

Hemos tenido una conversación
totalmente trivial,
sobre asuntos sin importancia,
de cosas accesorias.
Pero qué bien oír
el tono de tu voz,
escuchar tus frases
y oír cómo me atiendes
mientras hablo.
Parecía algo irrelevante
pero detrás de estas palabras
he notado la fuerza del cariño
y eso para mí es suficiente.
Bajo la apariencia
de una charla anodina
he visto brillar el oro.

El primer sueño

El primer sueño
del recién nacido
es que continua
a salvo de todo
en el vientre de su madre.

El espejo mentiroso

Lástima espejo
que no supo decirte la verdad,
que no te dijo cómo eras,
que no puso en primera línea de playa
tus defectos.
Lástima espejo
que tuvo la debilidad
de narcisearte,
de ofrecer solo tu mejor perspectiva.
Un espejo no es quién
para enseñar solo
lo que tú quieres ver.
Así hace añicos
su propia transparencia.
Para amar hay que conocer
las sombras y las miserias.

Teoría de la soledad

Quizá los objetos
se comportan de otra manera
más satisfechos en su materia,
en su forma,
en su vestimenta
y su manera de ir peinados
cuando nadie los mira,
cuando han dejado de ser
objetos para alguien.

El deshielo

Mientras era un cubito de hielo
tuve protagonismo en tu vida.
Después mi presencia
se limitó a aguarte la bebida.

Ejercicio para la paciencia

No hay nada mejor
para cultivar la paciencia
que hacer fila,
esperar tu turno.
Llegar y ponerte a la cola,
sabiendo que hay muchas
personas delante de ti
y cada uno necesita su tiempo
en que lo atiendan.
Y que cuando parece que acaba
(uno menos, por Dios)
se acuerda de algo
que requiere más tiempo
cuando pensabas que había terminado.
No puedes hacer nada
para que la fila avance
más deprisa,
porque no depende de ti.
Un estoico te diría
que como no está en tu mano
es absurdo preocuparse
o ponerse de los nervios.
Todo debe esperar a su momento,
cuando toca,
cuando la vida y la muerte
te llama por tu nombre
para entrar en su consulta.

LA LECCIÓN DEL PERRO

El perro de mi hijo merodea
por el estudio
y no me deja.
Me mira fijamente
con cara lastimera.
No sé si quiere jugar,
salir a la calle
o las ganas de mear o cagar
le apremian.
Al menos ha conseguido
tumbarse en el sofá de este poema.
A mí me pasa como a él
cuando nadie me hace caso.
Ladro y ladro con la intención
de que alguien me comprenda.

ANTONIO MACHADO EN ESE
GÓLGOTA LLAMADO *COLLIOURE*

Estoy esperando en mi habitación
a ver si se seca pronto
mi camisa blanca,
la única que tengo,
para poder bajar al comedor.
¡Qué pena tanta gente
huyendo de su país,
marchando con su ideología derrotada
bajo el brazo!
Una de las dos Españas
ha terminado por meter en el congelador
el corazón de la otra,
aunque en todas las guerras pierden todos.
He tenido suerte
porque estoy con mi madre,
en este pueblito junto al mar,
donde desembocará mi vida
no tardando mucho.
No tengo el suficiente sosiego
para escribir poesía.
Me siento un extranjero
que no tiene una patria
a la que regresar.
Solo cuento con el azul de este cielo
y con el sol de la infancia para calentarme,
que duerme en el paisaje de mi alma
porque mi vida carece de futuro.
Todo se ha cumplido.

Al olmo de mi vida,
que está más seco que nunca,
ya no le saldrá ni una sola hoja nueva.

El trabajo de la ventana se acaba

Y ahora ya la ventana descansa
porque sabe
que acaba de atravesarla
el último rayo de sol.
Descansa ya de tanta transparencia.
Ahora puede cultivar su intimidad
y bajar los párpados
como si fuera una puerta o una persiana.

Zapatos nuevos

Como andar con zapatos nuevos,
que suenan de forma rara,
que aún te aprietan,
los notas un poco duros
por la falta de uso,
que por su rozamiento
pueden provocarte ampollas,
que gozan del brillo
de tener el camino por delante
esperando calzar tus huellas.
Como cuando estrenas el amor.

Fecha de caducidad

Habrá que dar salida
a esos alimentos
que están a punto de caducar.
Fíjate en el pescado
que no ha comprado nadie
y ya está al límite,
tiritando de miedo bajo el hielo.
Habrá que pensar
en alguna solución
antes que tirarlo, por Dios,
que hay mucha gente que pasa hambre,
atrapada en la necesidad.
Yo también tengo
una fecha de caducidad
y no tendré otra oportunidad
de servir de alimento y alimentarme
al menos de un mundo como este.

LA DECEPCIÓN LIBRESCA

Había encargado el libro
con mucha ilusión.
Cuando lo abrí y empecé a leerlo
me di cuenta
de que me había equivocado,
no me gustaba
porque no era lo que esperaba.
¡Qué decepción!
Resulta que lo habían recomendado,
además venía avalado
por un premio relevante,
y los libros que ese autor escribió antes
sí que me encantaban.
Pero ahora ya sé
que este libro no es para mí.
Tendrá que seguir su camino
en busca de otro lector.
Y me entristece no haber acertado
cuando parecía que iba
a caballo ganador,
cuando pensé que atinaría seguro.

Buena gente

Algo tiene
porque sin hablar con él
ya noto que es amable,
que sabe escuchar,
que rezuma donde gentes.
Luego compruebo
que no me he equivocado.
A su lado se endulza el aire,
se siente la comodidad
de estar con alguien cercano,
que deslumbra y te acoge
y hace que te sientas
gozosamente natural,
sin que se necesite
ni un gramo de hipocresía.
¡Qué talento tan poderoso
el de caer bien,
el de ser buena gente!
A ellos se agarra la luz
para incrementar su brillo y su esperanza.

EL COLOR DE LA TRISTEZA

Cuando estás triste
el alma se te llena
de color blanco.

PLANTA EN LA FACHADA
DE LA CATEDRAL DE TOLEDO

Mira esa planta
cómo resiste,
cómo alza su belleza
frente a todo,
cómo saca en vilo
su ser vegetal,
cómo se sabe improbable
en el sitio en el que está,
pero no le incomoda
asumir que durará poco.
No tiene la culpa
de que su semilla
haya enraizado
justo encima del pórtico gótico
de la catedral de Toledo.
No le importaría
aprender a ser una planta gótica
para que no desentonara
en donde está,
para hablar
la misma lengua monumental
que el sitio que la acoge.

La otra nuez

Por no decir lo que querías
ese nudo en la garganta
se convirtió en nuez.

El idioma que hablo

Nunca te he dicho abiertamente
lo mucho que te quiero.
A veces me he distraído
con las ocupaciones,
también con las tareas que me gustan.
Y así han pasado los días y los años.
Quizá no he encontrado las palabras
ni los gestos adecuados
para decirte de verdad lo que sentía.
He dado muchas cosas
por sabidas, por asentadas
como si no hiciera falta nombrarlas.
Pero hoy te digo, amor,
que quisiera que el lenguaje existiera
en este preciso momento
solo para decirte
alto, claro y en botella
que te amo, que estar a tu lado
ha justificado mi estancia en este mundo.
Quizá decir esto en un poema
resulte poco lírico y algo ñoño,
con poca fuerza literaria,
pero si mi poesía ha llegado a la superficie
ha sido gracias al empuje
de la temperatura de tu magma.
El complemento directo
de todos mis verbos transitivos
has sido tú,
y los indirectos siempre, siempre

te han mirado de reojo,
sin perder la posibilidad
de agarrarse a tu pelo.
En realidad yo solo hablo
el idioma de estar contigo.

Le penseur de Rodin

Homenaje a Ramón Gómez de la Serna

Fíjate cómo *El pensador* de Rodin
piensa no solo con el cerebro,
sino también con los rasgos de su cara,
con el aleteo de su nariz,
con la apretura de sus labios,
con el arqueo de su espalda
y la tensión de sus nalgas,
con los músculos
de los brazos y las piernas,
con los dedos encogidos de los pies.
Está pensando su cuerpo entero,
de la cabeza a los pies,
a ver qué ficha mueve
en la partida de ajedrez
que la vida le presenta.

Últimos deseos de Gustavo Adolfo Bécquer

Por favor,
quemad esas cartas
que están en mi mesita
porque podrían ser mi deshonra,
no quiero que mis desvaríos amorosos
puedan comprometer a alguien.
Quiero que se vaya conmigo
todo lo que he amado,
que ha sido mucho y bueno.
Y si os apetece
podéis recopilar y publicar mis poemas,
porque nadie es profeta en su tierra
mientras viva
y quién sabe
cuando ya la presencia no es un estorbo
ni hace competencia.
Quiero ser todo mortal,
quiero que conmigo muera
lo que lleve algo de mi carne.
Ahora me toca irme
con esas golondrinas
que ya nunca, nunca volverán.

Hacer desaparecer un día

Quise demoler todo
lo que había pasado ese día.
Y todo es todo.
Eliminar sus horas,
sus minutos y sus segundos.
Arrancar de cuajo su amanecer
y su mediodía.
Quitarle sus calles,
las ocupaciones que acogió,
demoler su luz y su noche.
Expulsarlo del mes que le corresponde.
Ponerlo justo debajo
de un enorme meteorito
que lo redujera todo a cenizas.
Y ahora sí,
que el día siguiente todo oliera a nuevo,
como estrenar un calendario.

Cuando Ícaro no quiso ser
como una perdiz

Por envidia, Dédalo
trató de matar a su sobrino Pérdix,
que había inventado la sierra y el compás,
empujándolo desde lo alto
del templo de Palas Atenea.
Pero la diosa fue benevolente,
lo salvó convirtiéndolo en una perdiz,
que siempre vuelan bajo.
Con las plumas que se les caían a las gaviotas
Dédalo y su hijo Ícaro
hicieron unas alas
para poder escapar del laberinto,
pues allí los había encerrado el rey Minos
para que no contaran la forma de salir.
Si volaban cerca del mar,
las alas se mojarían
y pesarían mucho.
Y si se elevaban demasiado
el sol podría derretir la cera
con la que habían pegado las plumas.
Ícaro voló por encima de su padre
cegado por la luz y haciéndose el gallito
y con el calor del sol
se derritió la cera y se quedó sin plumas.
Por mucho que agitaba los brazos
no podía ser un pájaro.
Se precipitó mortalmente al mar.
Dicen que cuando Dédalo

enterraba a su hijo
sonó el canto de una perdiz
que le recordaba que en la vida
es preferible volar bajo,
no perder la referencia costera del suelo.

Parábola del hombre solo

A ver qué hace este hombre solo
en el banco del parque.
No tiene un libro ni mira el móvil.
No lleva prisa.
Se dedica en cuerpo y alma
a este instante de sosiego.
Desafía al capitalismo,
que intenta que el tiempo
sea siempre productivo.
Con su calma nos exhorta a todos.
Su glorioso «no hacer» le permite
fijarse en los paseantes, en los perros,
incluso en el peinado de la hierba.
A ver qué hace este hombre solo
si no es sentirse dueño de su mundo,
saberse millonario por encontrarse
cara a cara
con la realidad que le rodea.

Comida de trabajo

¡Oh triste comida de trabajo!
No puedes comer y beber
lo que en realidad te apetece.
Todo viene aliñado
por una conversación
en la que se habla
de cuestiones laborales.
Hay que ser comedido,
evitar algún comentario
con el que meter la pata.
Y de vez en cuando
alguien toma la delantera
con alguna frase con la que hace
al jefe la pelota,
le unta jabón en la espalda.
Y cuidado con los modales,
que se debe estar a la altura
de lo que manda el protocolo,
con un saber estar de cinco estrellas.
Que pase esta comida
lo antes posible,
que se acabe pronto
la tensión alimenticia de este teatro
en el que Godot ya ha llegado.
Qué triste que el trabajo
se haya zampado esta comida.
Seguro que el aparato digestivo
adrede desecha muchos nutrientes.

EJEMPLO DE IRRESPONSABILIDAD

El anciano estaba solo
en la parada de autobús.
Me senté a su lado.
De repente el sonido de un pedo
rompió el silencio.
Pensé que se le había caído
esa flatulencia,
como cuando se te caen
las llaves o la cartera.
Era un caso claro
de irresponsabilidad,
porque el cuerpo a esas edades
ya no se deja conducir como antes.

La lluvia de esta tarde

Algo tiene la lluvia de esta tarde.
Es capaz de añadir más verde
al color verde,
de borrar cualquier suciedad
que lleve el blanco.
Cae con la misma humedad
sobre las personas, los objetos,
los edificios, la naturaleza.
Yo noto que me empuja
a ir hacia el fondo de mí mismo,
como si de su mano
pudiera llegar hasta esa semilla
que me resume en mi esencia.
Tiene facilidad para endulzar
mi manera de ver la vida.
También pule mi color carne
y limpia la porosidad inquieta de mi alma.
¡Qué maravilloso don
este llover sobre todo al mismo tiempo,
sin distinción de credos, currículos,
razas, sexos, nacionalidades!
Ojalá esta lluvia
nos dejara algunos charcos en las manos
para recordarnos la necesidad
de ser tan igualitarios, tan justos como ella.

LEJOS DE LOS CABLES

Harto de aceptar *cookies,*
de tener que registrarme para entrar,
de recuperar la contraseña.
Siempre con una burocracia
que busca protegerme
o controlar abiertamente
cuáles son mis preferencias
según dónde me meto.
Harto de decir mi nombre
para que se abran las puertas.
Harto de que todo se haga por ordenador
o con cita previa
o con un horario limitado.
Al final se me olvidará
la contraseña que da acceso
a quién soy
y me quedaré perdido
en una nube gozosamente despistada,
sin que exista un solo microchip
que sepa algo de mí.

Oración ante el Cristo Cautivo

Semana Santa de 2025

Me impresiona la talla
del Cristo Cautivo
de la iglesia del Polígono,
la del cura Quillo.
Está preparado con su túnica blanca,
sus manos maniatadas
y su corona de espinas en flor.
Todos se reirán por querer implantar
un reinado de amor.
Este es el hombre.
La Verdad ante la que Pilatos
se lava las manos,
se hace el sueco.
En su fragilidad me veo
llevando mi cruz
a los calvarios que aún me esperan.
Me veo en el rostro
que queda en el paño de la Verónica
después de tantas recaídas.
Y en el Calvario me pongo en Dimas
diciendo que Él es inocente
y que mi mochila está llena
de ilegalidades y desplantes.
Que me tenga presente
en un reino de justicia
muy lejos de este mundo,
donde impera el enchufismo
y la mano ancha,

el corto interés de la política.
Y que mi grito de perdón
sea capaz de traspasar
la algodonura de las nubles
porque me he equivocado muchas veces,
porque me he cansado
de excavar en minas resecas
y sigo y sigo
con tanta hambre y tanta sed
como le pasó al hijo pródigo.

La teoría del paraguas

Ha estado a punto de morir
este paraguas
porque hacía viento
en este día de lluvia.
He podido hacer
que regrese a su estado normal
de tienda de campaña
aunque se ha resentido
alguna varilla.
Ha recuperado su oficio de paraguas,
a guarecerme en esta tormenta.
A mí también la vida
me ha dado la vuelta muchas veces
y por ahora he regresado
milagrosamente a cómo estaba.
Hasta que venga un viento
que me rompa todas las varillas
y ya no pueda mi hombre
ser paraguas.

Cuando desembarcar en ti es peligroso

Necesito un faro
que me avise
de tus acantilados.
Mis embarcaciones han chocado
con ellos muchas veces.
En la oscuridad de tu cuerpo
no veía bien si se trataba
de un puerto o una playa.
Algunas tardes
no sé cómo llegar a ti
sano y salvo.
Tengo miedo de que el empuje
de tus mareas
y la voz cortante de tus piedras
me dejen a la deriva,
a lomos del naufragio.

La caracola

El sonido del mar que más me gusta
lo puse en la caracola
para que se quedara a vivir
igual que un ermitaño.

Entre dos respiraciones

Entre dos respiraciones
está acomodándose
el aire que entra
y hace las maletas
el que sale.
Ninguno choca,
no se obstaculizan
en la puerta de los pulmones,
ninguno tropieza
ni regresa
porque se haya olvidado algo.
Entre una respiración y otra
hay un vacío
en el que cabe un mundo.
La canción de la vida
siempre suena a orden.

ANALÍTICA

Al ver tu cuerpo desnudo
conocí el grupo sanguíneo
del escalofrío.

UN LENGUAJE PRIVADO

Les explico a mis alumnos
que no existen los lenguajes privados,
que al menos un idioma
necesita dos personas
para que se produzca ese milagro
que es la comunicación.
Hablar consigo mismo
es una manera figurada
de referirse al lenguaje,
pues nadie puede aportar
a sí mismo una información
que ya antes no supiera.
Cualquier lenguaje
necesita al menos dos hablantes
para echar a andar
con sus puentes y sus verbos,
su gramática y sus conjugaciones.
Y ahora caigo
en que nuestra forma de amar
en el fondo es un lenguaje
que hemos inventado los dos,
para nosotros solos,
para que a través de las palabras
pongamos nuestra savia a la intemperie.

Lamento por el río Tajo

Fíjate en el sonido
del río Tajo,
que llega a Toledo
delgadito y contaminado.
Si fuera limpio
llevaría otro paso,
más vivaz
y acompasado.
Pero con la suciedad
camina como cansado,
arrastrando los pies,
con la pena tan cargado.
¡Qué momia de río!
Su agua suena sin garbo,
su sinfonía tiene
los instrumentos desafinados.
Nadie quiere escuchar
su doloroso cántico.
Ni siquiera los enamorados,
ni las ninfas de Garcilaso.
En la cueva del hondón rocoso
espera que unos labios
algún día lo llamen
para resucitar como Lázaro.

La nube que es un avión con pasajeros

Y en vez de decirlo
te lo callas
y se te acumula
como un bolo alimenticio
que no puedes digerir.
Y se queda agarrado
en tu adentro
arañándote la conciencia,
porque debían llegar
las palabras para ayudarte
a sacarlo todo.
Y te pareces a una nube
que se niega a llover,
que sujeta con las manos
todo su vapor de agua
por mucho que descienda
la temperatura.

Vicisitudes del cinco

Las cinco lobitos de la mano.
El cinco como suma
de un número par y otro impar.
Los cinco sentidos.
Los libros de los cinco de Enid Blyton.
La unión armónica
entre el yin y el yang.
Los cinco rostros de Shiva.
La búsqueda por los alquimistas
de la quintaesencia.
Con facilidad hace la v de victoria.
Parece ser que es de color azul marino.
Los cinco raíles de un pentagrama.
Su casa tiene forma de pentágono.
Pero es triste que se le importancia
a la puerta de atrás
por una rima de mal gusto.

Corte geológico

Si me haces
un corte geológico
verás que me salieron
pliegues y fallas
con aquello que me dijiste
y lo que no me dijiste,
que me hizo tanto daño,
una decepción
que removió los estratos
que componen la tierra
de mi cuerpo.

La paradoja de la telaraña

Como si fuera una mosca
he dejado un recuerdo
en la telaraña.
Pero no aparece la araña
para devorarlo
y, lo que es peor,
es un hilo más
de esa telaraña
en la que yo
he quedado atrapado
sin remedio.
Ahora ese recuerdo
se ha convertido en imborrable.

La sombra ojiplática

El problema del insomnio
no solo es que mi cuerpo
no descansa.
También aumenta
el tamaño de mi sombra.
Y así cuesta más
que mi yo total
pueda llegar
a la playa calmosa del dormir.

Bicho

Y cuántas veces
te has despertado
sintiéndote una cucaracha,
como le pasó a Gregorio Samsa
en *La metamorfosis*.
Al principio pensaste
en ir a urgencias
porque algo grave pasaba.
Pero al día siguiente
fuiste grillo,
y al otro, mariposa;
y así fuiste cambiando.
Cada día tiene
su propio animal
y tienes que acostumbrarte
a que lleve en su sangre
tu forma de ser y de no ser.
¡Y qué más da
lo que seas
si siempre has sido un bicho raro!

A MODO DE PROGRAMA APOLÍTICO

Se dice que si de joven
no eres de izquierda
es que no tienes corazón,
y si de mayor no eres de derecha
es que no tienes cabeza.
Pero esto no es verdad,
porque la cabeza siempre va
unida al corazón.
Yo al menos no tengo otra manera de pensar.
Mi compromiso con la libertad
es absoluto,
hasta el punto de que una vida
en la que se carece de libertad
no sé si compensa ser vivida.
Pero una libertad sin igualdad
es ilusoria, una mera palabra
que flota en el aire como una pompa de jabón
si no encuentra un suelo económico
en el que apoyarse.
Quien carece de alimentos,
de educación y de sanidad
se dedica sencillamente a sobrevivir.
Es verdad que los poderes públicos
pueden hacer mucho
pero suelen ser los políticos
los que saltándose sus principios
se apuntan al éxito de la ganancia fácil,
siempre arrimando el ascua a su sardina,
siempre pensando en dar de comer

al estómago de sus bolsillos.
Viendo la historia parece
que ha sido fácil incurrir
en el autoritarismo y la corrupción
y en un igualitarismo ramplón
que no tiene en cuenta el mérito y el talento.
A mí me queda defender la libertad
con mis uñas y mis dientes
y compartir el trozo de la tarta
que me ha correspondido
con los que cerca de mí
pasan necesidad.
Y, como me aconsejaba Mario Paoletti,
huir de la crueldad deliberada
porque no se debe dañar a nadie
a sabiendas, de forma consciente.
Desconfío de la política oficial,
llena de vuelva usted mañana y de intereses.
Yo estoy hecho para la libertad,
para que el corazón galope a sus anchas
campo a través,
y también para la multiplicación,
para que los demás también puedan comer
con mis panes y mis peces.
No puede existir belleza sin justicia.

EL ECO APLASTADO

Este trilobites es el fósil
de aquel amor
que se desvaneció,
que desapareció
igual que los dinosaurios.
Solo queda este eco aplastado
por las capas de la Tierra
que me crecieron después.

El berberecho

¡Que bravura!
En tu sexo
tienes un berberecho
que sabe al mar
de tu dulzura!
¡Ay, qué locura
tan incurable
y tan pura!

Un poeta poco lírico

Dicen que soy un poeta
poco lírico,
que caigo en el prosaísmo,
que me convencen las frases hechas
y a veces peco
de encontrar belleza en el feísmo.
A estas alturas de mi vida
no pretendo dedicar
mucho tiempo al virtuosismo,
hacer versos damasquinados
con métrica y con rima.
Por supuesto que puedo hablar
del crepúsculo y las rosas,
pero no me apetece
dedicarme a las monerías.
Busco definitivamente el temblor.
Si un poema no genera
un pequeño terremoto
entonces se irá por dónde ha venido.
Solo se quedará en ti
si al leerlo se te mueve el vientre,
te afecta,
algo dice para ti, solo para ti,
y, oh milagro, te emociona.

Lamento de Gulliver

A veces te sientes pequeñito,
no estás a la altura
y te asalta el síndrome
del impostor:
no te mereces
la estatura que te
corresponde.
Todo lo que te rodea
lo ves excesivamente grande,
te está ancho de cintura,
sobrepasa tu condición
de hormiga.
Detrás de cada paso
se esconde algún peligro,
pues puede ser mortal.
Lo peor de estar así
es que nunca te sentirás bien,
ni siquiera cuando estés
en el país de los gigantes.
Liliput se te ha metido
en el fondo de la retina
y así será difícil
salir del empequeñecimiento
al que tú mismo te has atado.

Homenaje a Pessoa

Lo malo
no es llevar una máscara.
Si no que enraíce
y ya no te la puedas quitar
porque es tu epidermis
y se convierta en tu rostro.
Y que debajo tengas otra
y debajo otra
como una muñeca rusa.

ARIADNA ABANDONADA

Todos los años llevaban
catorce jóvenes atenienses,
elegidos por sorteo,
a modo de comida para el Minotauro,
que vivía en el laberinto de Creta.
Pero Teseo, el hijo del rey de Atenas,
ese año se ofreció como voluntario
para acabar con el monstruo
y liberar a sus compatriotas
de este cruel castigo.
Pero el amor es caprichoso, impredecible,
y Ariadna, la hija del rey de Creta,
se enamora de Teseo.
Le regala un ovillo
para que ate el hilo
en la puerta del laberinto,
así cuando acabe con el Minotauro,
porque está segura de que lo conseguirá,
podrá salir y reencontrarse con ella.
Cuando eso sucede
los enamorados embarcan felices
y ponen rumbo a Atenas.
Hacen noche en la isla de Naxos,
para descansar y conseguir agua.
Cuando Ariadna se despierta,
descubre que Teseo no está.
Y ve a lo lejos cómo su barco
es devorado por la raya del horizonte.
¡Pobre Ariadna!

Había traicionado a su padre
para ayudar a Teseo
y ahora se lo pagaba así,
dejándola tirada.
Todo carecía de sentido.
Su corazón estaba anegado
de rabia y desesperación.
Al borde de un acantilado
se fijó en un barco,
que llegaba a la isla.
Era el dios Dionisos,
que se enamoró de ella.
Del desconsuelo de desear la muerte
pasó a encontrar esperanza
en los brazos de un dios
que se emplea en la jarana y la alegría
para celebrar la vida.
Tiempo después se casó con Dionisos.
Cuando Ariadna murió
la corona de oro que le regaló Dionisos
el día de su boda
se convirtió en una constelación
de estrellas llamada Corona boreal.
A veces, cuando te sientes hundido,
atrapado por el abatimiento y comido por la angustia
hay que conceder una oportunidad a la vida.
Dionisos puede llegar a rescatarte
ofreciéndote un reino nuevo de alegría.

Firma de libros

Todavía me acuerdo.
Anunciaban por megafonía
que yo firmaba
en una caseta de la plaza de Zocodover,
con motivo de la Feria del libro.
Y allí estaba yo
expuesto como una mercancía,
de cara al mercado,
a ver si llevaba algo a la boca
a mi ego de escritor.
Todos los que pasaban
delante de mí
me miraban como si fuera
un bicho raro,
el eterno escritor desconocido
que escribe libros
que aburren hasta a las piedras.
Para más inri alguien me dijo:
«¿Es usted el dramaturgo Alfonso Sastre?
Me gustó mucho *Escuadra hacia la muerte*.»
Y no firmé ningún libro.
Y este no ser
me dio una lección de humildad.
El éxito en realidad es escribir
por vocación, por destino.
Todo lo demás pertenece
a una farándula que veo
como algo extrañamente ajeno.

ABRIL NO ES EL MES MÁS CRUEL
O CAMINO DE SER CIGARRA

Me da igual lo que diga la tristeza.
Ha pasado ya la fiereza del invierno
y llega abril con toda su humanidad
y su compasión a cuestas.
Ya empieza el sol a hacerse fuerte,
viene el día del libro,
hay ambiente de feria
con tanta luz en carne viva.
Despierta el campo
florido en su compás radiante.
¿Cómo va a ser abril el mes más cruel?
Está la vida abriéndose camino
en la apertura de sus flores.
Y con tanta alegría
mi cuerpo me dice que ya está bien
de ser hormiga,
que pronto tocará ser cigarra.
Si me pongo de puntillas
veo mis sandalias
y el mar del verano
levantando el campamento de su gozo.

DE CÓMO LA CEGUERA PUEDE AYUDAR A LA VERDAD

Contra Protágoras

No tiene razón Protágoras
cuando afirma que el hombre
es la medida de todas las cosas,
de las que son
y de las que no son.
No creo en este relativismo
que mide todo por igual,
que lo contempla todo
según el cristal con que se mira.
No es lo mismo
ocho que ochenta,
una dictadura que una democracia,
un valle que una cordillera.
Las cosas miden lo que miden
y están ahí fuera, en la realidad,
y no van a aumentar o menguar a tu gusto,
según tu punto de vista.
El relativismo deja todo
en plena noche,
siembra una oscuridad
en la que no cabe apreciar
el brillo de un diamante.
No puedes meter el mundo
en el pequeño cajón
de tus ideas y tus pareceres,
haciendo que todo quepa en ese traje
que has confeccionado a tu medida.

Es mejor que cierres los ojos
para que apagues
la fuerza de tu ideología
y la miopía de tus ideas.
Y te acerques a palparlo todo
con el ansia de un ciego.
Al menos así crecerá
una pequeña ramita de verdad
en tu manera de ver la vida.
Toca el mundo
para que te enseñe cómo es.
No hay peor ceguera
que educar a los ojos
para que te muestren
lo que solo tú quieres ver.

Generoso a la fuerza

Ahora que la vida
me ha ido quitando tantas cosas
he aprendido a ser generoso.
El cuerpo empieza a tener goteras
y no tiene sentido
que luche por una pureza
que nunca tuve.
Muchas veces le digo a mi corazón:
«Aquí me tienes,
haz conmigo lo que te salga de los huevos.»
Vivo más de lo que amé
que de lo que amo.
A estas alturas ya no puedo
comer de todo
y la bebida enseguida
me tizna la mirada,
perdida ya de por sí
con la miopía y sus moscas.
Ni siquiera tengo el ego
con la voluntad de antes,
cuando me veía imperecedero,
musculoso, con pecho lobo.
La vida me ha ido despojando de cosas,
una a una,
arrancándolas como si
las tuviera en alquiler
o pegadas con celo.
Y me ha enseñado a ser desprendido
(por ahora no digo de retina,

pero no hay que descartarlo)
para dar lo que soy,
lo que tengo,
aparte de los objetos
que he acumulado con el tiempo,
empezando por los libros.
Solo me queda ya ser generoso,
dudando a estas alturas
de la moralidad de la propiedad privada
que me hizo pensar alguna vez
que estaba seguro de que lo mío
era solo mío.
Ya soy carne de cañón del descosido,
del despojamiento.
La vida me obliga
no solo a darme,
sino a tener las manos
con los dedos abiertamente encendidos
las veinticuatro horas
como una farmacia de guardia.

Recoge tus cajas

Después de que lo dejáramos
viniste a casa a recoger tus cosas.
Te dije que mirarlas me quemaba
y que si no te las llevabas
las tiraría a la basura.
Comentaste que lo nuestro
quizá podría resurgir de las cenizas
como el ave fénix,
que quizá con otra oportunidad
todo podría ser diferente.
Pero te dije que no,
sé cómo eres y tarde o temprano
cada uno vuelve a su naturaleza,
como el escorpión que picó a la rana
cuando lo ayudó a cruzar el río en su lomo.
Enseguida me dejarías el pasillo
con pelusas de maremotos y huracanes.
Por mucho que quisiéramos
esto nunca saldría bien.
Además están apagadas las ascuas,
he cerrado del todo mi futuro a tu presencia,
aunque te hagas la zalamera,
aunque intentes convencerme
con tus armas de mujer.
Ahora puede más la carreta.
Llévate tu coño, tus cajas
y todo lo que me recuerde a ti.
Quiero bórrate del todo de mi mundo.

¡DIVINA SANIDAD PÚBLICA!

¡Pobre sanidad pública!
Conste que me gustaría
confiar en ella,
pero ya no puedo.
Si pides cita al médico
te emplazan para dentro de quince días.
Y si tiene que verte un especialista
puede que te pase como a mí:
llevo más de año y medio
esperando que me vea un otorrino.
Ni sirve como modelo
de atención a la salud.
Pero ni la pública ni la privada.
Así no es posible mantener
una sanidad preventiva
que se anticipe a enfermedades graves,
como puede ser un cáncer.
Así no hay nada que hacer,
salvo contar con un enchufe
para que te vea un médico
o te adelanten la cita.
Solo cabe ir a la farmacia
a ver si el farmacéutico
se viste de médico
y te aconseja un medicamento.
Y, sobre todo, confiar
en las defensas de tu cuerpo,
porque estás a solas con la enfermedad
en un combate silencioso.

La sanidad pública no sirve
por su saturada burocracia
y la falta de personal.
Solo cabe meterse en la cueva,
cerca del fuego,
con un buen libro,
dormir, beber agua y mear claro,
echar una cagadita cada mañana
(con un intestino bien educado),
comer alguna manzana
y confiar en que el ejército
de defensas de tu cuerpo
tenga armas y cojones
para vencer al enemigo.
Este sistema de salud
que pagamos entre todos
nos deja a la deriva,
en un sálvese quien pueda.
Nunca como ahora
vela por nuestra salud
un sistema enfermizo.
Que la providencia nos acompañe.
Estamos en manos
de nuestro cuerpo.
Al pobre le toca buscarse la vida,
hacer de médico y paciente.

MARCEL DUCHANSKI CUENTA CÓMO SE DUCHA

En la ducha
lo primero que hago todas las mañanas
es agacharme
y enfoco la alcachofa
hacia el ano y el culo,
porque este sitio agradece
el agua fría.
Cuando el agua sale caliente
llega el turno
de los genitales.
Más tarde restriego con gel
el pecho, los sobacos,
y los brazos.
Lo último es el champú
para lavar el pelo.
Tardo poco tiempo en aclararme,
que el agua es un bien escaso.
Y conste que no lo hago
solo por higiene,
sino porque contribuye a despertarme
y tengo la sensación
de que mi cuerpo está preparado,
como una hoja en blanco,
para lo que regale
el día que comienza.
Mi cuerpo y también mi mente.
Y salgo como si estuviera
estrenando una nueva piel.

Un poco de aire

*Homenaje a Ángel González
y Mario Benedetti*

Que no me falte el aire
en los días grises,
ni debajo del agua,
ni cuando esté a una altura
que me salga de la atmósfera.
Que no me falte el aire
cuando me muera.
Que un poco se venga conmigo
como recuerdo de que la vida
me empapó con su soplo
hasta lo más íntimo,
que no hubo ninguna parte
de mi cuerpo
que no tuviera ganas de vivir.
Allí donde esté
iré con un ramillete de aire
bajo el brazo
para explicar a los demás
cómo y cuánto amé la vida.

Dolor vegetal

Nadie se da cuenta
de que a la planta
le duele abrir sus flores
y cuando va a cambiar el tiempo
lo nota en las articulaciones
que unen sus hojas
con el tallo.

Que no te venza la tristeza

A mí no me puede la tristeza.
Que venga la jarana,
que digo o hago lo que sea
por provocar una sonrisa
aunque luego digan
que se me ha ido la chaveta.
Siempre me sale un comentario
o una anécdota
para dar la vuelta al calcetín,
para tomar todo a cachondeo,
que es la única manera
de asumirlo al pie de la letra.
Que todo venga aderezado
con un tono de ironía
porque nada merece ser interpretado
rigurosamente en serio,
ni siquiera una grave enfermedad
ni el punto final de la muerte.
Que los cuervos de la tristeza
no encuentren en mí
un alféizar donde asentarse.
Venga risas y guasa a cascoporro.
Me moriré silbando
una canción de Nino Bravo
desde la rama del árbol que me gusta.

Salmo

Sigue en pie, Señor,
aunque esté perdido,
aunque me pueda la heterodoxia
y las dudas me pesen
como piedras en los bolsillos.
Todo lo fío a tu misericordia,
que no es hacer oídos sordos
sino rebajar la justicia
con la miel de la querencia.
Sigue en pie
y sal a recibir a mi hijo pródigo,
que quiso montar
su negocio por su cuenta,
buscar la felicidad
a su manera, como autónomo.
También me lavé las manos
y te negué un millón de veces.
Y tiré la primera piedra
porque estaba seguro del delito
sin mirar la hiedra de carbón
que crece en mi retina.
Sigue en pie, Señor,
aunque sea la oveja
más negra del rebaño.
Siempre he creído
que una palabra tuya bastará
para arrancar de raíz
todas mis fiebres,
todo mi afán por dármelas de listo

como cuando dije, con un par,
que era capaz de crear el mundo
sin necesidad de descansar el séptimo día.

Relación entre la menstruación y el alpinismo

El ovario maduro
intentó agarrarse,
pero sus manos
no aguantaron su peso.
En su descenso fue arañando
las trompas de Falopio con las uñas
para frenar su desplome.
Pero ya era imposible.
Y eso que más abajo
lo esperaban paredes más agradables,
capaces de amortiguar la caída.
El óvulo bajaba imparable
y su cuerpo inerte
golpeaba las paredes del endometrio
que se descascarillaban,
y así arrastraría la mucosa
que al final se asomaría por la vagina
en forma de sangrado.
En tu cuerpo cada mes
fallece un alpinista
que se despeña en su esfuerzo
por alcanzar el campamento base
de la maternidad.
Si pusieras la oreja en el bajo vientre
oirías como grita en su caída.

SER ACUOSO

Homenaje a Tales de Mileto

Sé como el agua.
El líquido amniótico
fue la primera cueva de tu homínido.
Ábrete paso en cualquier surco o ladera
y no te importe si toca ser charco.
Respeta la realidad que se asoma
en las orillas de tus ojos.
Y deja que cambie el estado de tu carne
con la temperatura.
Bucea en ti para empaparte de silencio
y saludar a tus peces abisales,
allí donde no llega la luz
y sabes poco de ti.
Sé dócil y deja que el agua,
que es mayoría en tu cuerpo,
lleve tu bandera y te gobierne.

VI
TRES FINALES

La alegría de volver a casa

¡Qué alegría regresar a casa
después de un largo viaje
por el Olimpo!
Volver a sentarte
en tu váter de siempre.
Sentir cómo tu cama
reconoce tu cuerpo al dedillo.
Comer lo que te gusta y apetece.
Cuando se viaja hasta el lector
se suelen pasar
emociones y cansancios.
Ahora estás contento
por regresar a ese pequeño jardín
que cultivas igual que un huerto.
Te sientes en el sitio
que te corresponde,
en el que te apetece
ser y estar.
Es cierto que tu felicidad
puede parecerse a otras,
pero como la tuya no hay ninguna.
Nadie en el mundo es feliz
como tú lo eres.

VIVIR EN UNA PALABRA

Homenaje a Pedro Salinas

Si tuviera que elegir
mi última palabra,
esa en la que quedarme
a vivir para siempre,
me gustaría que fuera llana,
con pocos metros cuadrados
y con vistas al campo,
que sonara a fuente,
que se lleve bien
con casi todas las palabras,
incluso con aquellas
a las que les duele la cabeza
por alguna falta de ortografía.
Debería tener
la conciencia tranquila
y ser muy amiga de los verbos
y los determinantes demostrativos
de cercanía.
Y que en su pronunciación
pudiera empaquetar
todo lo que tengo que decir.
¡Qué alegría más alta
vivir en la palabra gracias!

TÚ TAMBIÉN ESCRIBES ESTE LIBRO

El poema no lo termino yo.
Le llega su fin
cuando el lector decide,
que es quien lo completa,
le corta el flequillo,
le lima las uñas,
le cepilla los dientes.
Por eso no soy quién
para poner un punto final
a este poemario.
A partir de ahora
eres tú el que se asoma al horno
y acuerdas cuándo
el pastel tiene el sabor a tu medida,
cuándo alcanza
la fermentación que te gusta.
Que se acabe este libro
queda en tus manos.
Tú escribes el último poema.
Apaga las luces
y echa la llave cuando salgas.

SANTIAGO SASTRE

Nació en Toledo en 1968. Es Licenciado en Derecho, Doctor en Derecho y Licenciado en Ciencias Religiosas. Es profesor titular de universidad en la Universidad de Castilla-La Mancha.

En poesía ha publicado *La escucha silente. Convento del oye* (1988), *Zoom* (1994), *La tierra transparente* (1997), *Dentro* (Premio Joaquín Benito de Lucas, 2005), *El reloj de Gulliver* (2009), *Agua corriente* (2011), *Los lagartos llorones y otros poemas* (2012), *Las flores del campo no quieren maceta* (2013), *Poeta en jamón york* (Premio León Felipe, 2014), *Arroz tres caricias* (2016), *Hablando de la vida con mis jugos gástricos* (2019), *A cuerpo gentil* (2020), *Una palabra tuya bastará* (2021), *Japonesismos en flor* (2023), *Poesía con patatas* (2024) y *Homérico* (2025).

Es autor de dos antologías de poesía toledana: *Zocodoversos* (2010) y *La miel del bosque* (2016).

En ensayo ha publicado, en colaboración, *El vuelo de Ángel Palomino: Un acercamiento a su vida y a su obra* (2012). También apareció su estudio *Amansar el hierro: Vida y obra de Gabriel Cruz Marcos* (2021).

En narrativa infantil, *El Greco y el amarillo gruñón* (2014) y *La i que perdió su puntito* (2024), para quienes se inician en la lectura. La novela corta *Bigo y Bolo: Dos gatos en Toledo* (2019), para niños que ya saben leer. Y la novela juvenil, en coautoría, *Craco y El Greco* (2010).

En teatro, *A cuadros* (2014), *Tan alta vida* (2015) y *Ni temeré las fieras* (2019).

Y las novelas, pertenecientes al género negro, *Mazapán amargo* (2010) y *La última sombra del Greco* (2013), escritas en coautoría. Ha publicado cuatro novelas protagonizadas por el detective privado Augusto Alpesto: *Carcamusas de muerte* (2018), *Tijeras cortadas* (2019), *Bolo feroz* (2021) y *Toledo al pilpil* (2023).

También ha publicado dos volúmenes de microensayos y pensamientos: *La última camisa de Machado*(2022) y *Un gorila en el jardín botánico* (2024).

Sus últimas novelas son *Camatorio: Ama tu cama como a ti mismo* (2024) y *Alejandra en la Ilíada* (2025).

Este *Remover Roma con Santiago* acabóse
de imprimir en el mes de junio de 2025,
en la antesala del verano, cuando la felicidad
ha desplegado ya sus golondrinas.
Cada poema contiene un hueso del verano
porque aspira a regalarte un poco del olor
del mar y del domesticado azul de las piscinas.